「才能がない」という言い訳は、もう、あなたの辞書から無くなります。

1%の人だけが実践している才能エンジンの使い方

中村勇気

はじめに

「自分には才能がない」
その言い訳は、もう、あなたの辞書から無くなります。

あなたには、才能がありますか？

その問いに対して、はたして、どのくらいの人が
「はい。私にはたくさんの才能があります。才能を最大限に活かして、幸せに生きています！」
と、答えられるでしょうか？

私はこれまで、才能のトレーニングを、個人や企業など 1000 人を超える様々な方に向けて提供してきました。そのトレーニングを通して、起業家、マネージャー、エンジニア、画家、営業、看護師、デザイナー、フリーランス、主婦、数万人レベルの大企業から創業間もないスタートアップの企業まで……多くの人が「自分の才能とは何か？」「もっと自分の才能を活かしたい！」など、「才能」について、日々考え、悩んでいることをヒシヒシと感じてきました。

私の結論は、**誰にでも、才能はあります**。確実に。「私には才能がないから」と何かを諦めていた方には残念なお知らせかもしれませんが、才能がない人なんていないのです。ただ、才能をちゃんと使いこなしている人と、せっかく才能があるのにほとんど使っていない人がいるだけです。

「自分の才能がわかっても、人生は変わらない」

多くの人は、「自分の才能を見つけること」さえできてしまえば、あとは
それを活かせばいいだけだから、ついつい、「才能がわかれば、全てが上
手くいく」といった気になってしまいがちです。

ストレングス・ファインダーを始め、VIA、エムグラム、DiSC、FFS、ウェ
ルスダイナミクスといった診断ツールや、個性心理学、西洋占星術に血液
型占いに手相などなど、様々な自己診断や生年月日から割り出す統計学を
通して、「あなたには、こんな才能があります。これがあなたの特性です」
と言われると、「たしかにそうだ！これが私の才能だ。私の強みだ」と思
えて自信を持てる場合もあるでしょう。一方で、診断結果が「あまり自分
にはしっくりこないな」「この資質は私の才能ではない」「全然、自分の特
性とは違う」と感じる場合もあると思います。

そもそも人間は複雑系の生き物です。自分の中には、様々な自分がいるの
です。あなたも、その時々の場面や一緒にいる人との関係性に応じて、自
分の使う資質や特性を変えていたり、才能の出し方を変えていたりするは
ずです。

例えば、仕事をしている時の自分と、家族と一緒の時の自分、プライベー
トで友達に会っている時の自分は、それぞれ異なる才能を使っている可能
性があります。

ですから、「あなたには繊細なセンスがある」「柔軟な思考を持っている」「大
胆に決断できる」など、様々な診断ツールを使って、どんなに自分の才能
を探っても、ただ表面の言葉をなぞっているだけでは、「才能を活かす」「自
分の才能を最大限に発揮する」というところには程遠く、「才能を充分に
発揮できずモヤモヤする……」「仕事や家庭でうまく活かせないから、こ
れは私の才能なんかではない」といったパターンにハマりやすくなってし
まうのです。

こういった才能に関しての間違った認識が蔓延しているため、多くの人が、「自分の特性を見つけた気がしたけど、なんかしっくりこないから、やっぱり、もう１回、自分の才能探しに戻ろう」という「自分探しの無限ループ」に入ってしまいます。

これは、いつまで経っても、「自分が持っている才能・使えるようにしていくべき才能はこれだ！」と、『決めきることができない』状態ともいえます。たとえ自分独自の才能を見つけられたとしても、結局、「その才能を使いこなせるように深めていく！」と決められなければ、自分の才能を圧倒的に使いこなしていくことなどできないのです。これも多くの人が陥っている落とし穴です。

自分探しというのは、甘い蜜の味なのです。そこには、本当の自分や本当の才能さえ見つけることができれば、それを活かして幸せになれるだろうという思い込みがあります。更に、「上手くいかないのは、自分の本当の才能が見つかっていないからだ」と思うことで、現状の自分を慰めることもできるのです。また、自分を活かせる才能が見つかっていて、才能を十分に使った上で、現状の自分や仕事の業績が満たされないということになると、自分を慰めようがなくなったり、言い訳ができなくなったりするため、「本当の自分」に向き合うことを無意識的に避ける傾向も人間にはあります。

もちろん、私たちは完璧ではありませんので、人間の性として、そういった回避行動や言い訳も、ある程度は、仕方のないことです。しかし、一人ひとりが、ついついハマってしまう「才能についての罠」に気付き、「自分の才能を知り、才能を圧倒的に使いこなし、才能をずっと磨き・開発していく」ことで、確実に自分や他者の願いや思いを実現しやすくなり、皆が幸せになれる！ということをお伝えする、それが本書の主旨です。

一卵性双生児でも、才能は全く違う

私		相方
左利き	利き手	右利き
前衛	テニス	後衛
ベース	音楽	ギター
西高	高校	東高
文系 ※経営学	専攻	理系 ※工学
スタートアップ⇒独立	キャリア	大企業
営業	ファースト キャリア	エンジニア

実は、私は、一卵性双生児として生まれました。つまり、この世に、同じ
顔をコピペした存在がもう一人いるのです。一卵性の双子とは、DNA の
構造がほぼ同じといわれていて、性別は必ず一緒ですし、顔や背丈もかな
り似ているというタイプの双子です。更に、私は一卵性双生児の中でも珍
しい、母親の子宮内で鏡合わせになっていたため、生まれてくると、それ
ぞれの特徴が真逆になるという「ミラーツイン」の双子なのです。例えば、
私は左利きですが、相方は右利きですし、つむじの巻き方も逆になってい
ます。

見た目だけではなく、私と相方は、進路も興味も性格面も正反対です。私
はバイク屋を経営している父親に憧れ、高校では文系➡大学では経営学部
➡スタートアップへ就職➡営業というキャリアを歩んできました。相方は
全く逆で、高校で理系➡大学で工学部➡大企業に就職➡エンジニアという
キャリアを選んでいます。
半分ネタでもありますが、他にも、私は西高で相方は東高、テニスは私が

前衛で相方が後衛、音楽では私がベース、相方がギターといった具合に、意識的にお互いが逆を選んで生きてきたということもあるのでしょうが、同じ誕生日、同じ環境、同じ DNA で生きていても、何に刺激を受け、何を選んできたのかは、こんなにも全然違うのです。

企業でいうなら、創業した途端に完全に同質化された競合がいるような状態をずっと続けてきたようなものです。「どっちがモテるの？」「どっちが足速いの？」「どっちが頭がいいの？」といつも周囲から比べられ、「比べられたくなんかない！」という思いも持ちながら、私も相方も常にお互いを意識し、比較し、競争しながら、成長してきたと思います。その過程の中で、「自分とは何者なのか？」「自分の個性とは何か？自分だけの才能とはどこにあるのか？」「相方とはどんな違いがあって、自分はどんな個性を伸ばしていくのか？」といった思考を延々と繰り返してきました。結果、そのおかげで、今、36 歳になって、「人の個性を見抜き、伸ばしていく」という能力は、間違いなく、「自分の才能」になっていると思います。

DNA の構造もほぼ一緒、人格を作り上げる幼少〜青年期の生育環境も一緒の双子。しかし、異なる物事の見方を持ち、異なる価値観で、異なる選択をする生き物が常に傍らにいた私は、「DNA で性格を規定する」という尺度や、「環境だけで個人の特性を規定する」といった診断、「生年月日や生まれた時間で人を判断する」ことへの違和感がずっとありました。
「一人の人間というものを作り上げるには、それらとは違う何か別の要因があるはずだ」というテーマに、ある意味、生まれた時からずっと向き合ってきた結果、私なりの「才能論」というものにたどり着くことができたのです。

才能を使いこなすことで拓ける可能性

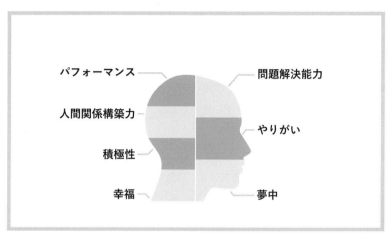

「才能」という分野は、この 30 年で飛躍的な研究量の増加もあり、様々なことが新たに明らかになってきています。

＊最新の研究結果より
①才能とパフォーマンス※ Ho et al. 2016 task-performance
強み・才能を上手く使えば、タスクを効率的に、効果的に進める力が高まる。

②才能と人間関係構築力※ Ho et al. 2016 helping behavior
強み・才能をうまく使っている人ほど、人を助けたり、協調的な関係を築く支援行動が起きやすい。

③積極性が上がる※ Cable et al. 2013
強み・才能を使っている人ほど、自分ならなんとかできる、という感覚（自己効力）が高まりやすい。

④才能と幸福※ Douglass et al. 2015 self-esteem Life Satisfaction

強み・才能を使っている人ほど、人生への満足感、幸福度が高い。パフォーマンスを出していなくても、才能を使っているという感覚があるだけで、人は幸福度を感じられる。

⑤クリエイティブな問題解決能力※ Lee et al. 2016

強み・才能をうまく使う人ほど、人間のクリエイティブさを司る前頭葉が活発になり、より創造的なアイデアを出しやすくなる。

⑥才能とやりがい※ Gallup

強み・才能をよりよく使っている人ほど、自分の仕事や会社に対するやりがいを感じやすい。

⑦仕事に夢中になり、内発的動機を感じやすい※ Dubreuil et al. 2014

強み・才能を使う人ほど、目の前の仕事に没頭し、高いモチベーションを感じやすい。

例えば、才能を使うことで、個人のクリエイティビティは最大になります。また、才能を突出させていくことで、他者には模倣困難な自身の価値を高められることにもなります。

先天的な要素によって規定される才能もありますが、後天的な環境要因、何を経験するか、によって規定されていく才能もあります。**声紋や指紋が一人ひとり全く違うように、この世に全く同じ才能の持ち主などいないのです。**だからこそ、才能を使うということは、その人らしさを出すということにもつながりますし、使えば使うほど、他者が真似をすることのできない、オリジナリティにあふれた高いパフォーマンスを発揮できるということでもあります。

才能をうまく使いこなす人は、自分を信じることができている分、未知な

ることにもチャレンジしやすくなりますし、成長速度が早く濃いということもいえます。

このように、才能を使いこなしていくことで、様々な可能性はますます拓かれていくのです。

本書の成分

誰もが、自分の中に「**才能エンジン**」を持っています。

「才能エンジン」とは、あなたの才能を最大に発揮するため動力源です。

ただ、私の感覚では、1％くらいの人しか、この「才能エンジン」を使うことはできていません。せっかくの才能も、「才能エンジン」の使い方を知り、実践しなければ、ほとんど意味がありません。これは、本当にもったいないことだと私は考えています。

本書は、あなたの才能や強みを発見しようという本ではありません。あなたが既に持っている特徴や資質、才能を強みとして圧倒的に使えるようにし、あなたの未知なるまだ使っていない可能性を開発していくための本です。

①自分の才能をもっとよく知る！
あなたは、自分の才能を知っていますか？

「人と話すのが得意」「計算能力が高い」「企画書をわかりやすくまとめるのが強み」など、自分の持つ才能に気付いている方でも、それだけでは、まだ「自分の才能をよく知っている」とはいえません。

例えば、「人に教える才能がある（得意だ・強みだ）」という人の場合。その才能は、子どもに対して発揮されるのか？その場合、子どもの年齢（大

学生・高校生・中学生・小学生・幼児・乳児）も関係しているのか？それとも、その才能は会社の部下に対して発揮されるのか？社内だけではなく、一般の広い層も対象にできるのか……など、その才能に、教える対象は関係しているのか、いないのか？という深掘りがされているかどうかが重要です。

他にも、書道・ゴルフ・PCの使い方・業務フローなど、教える内容や伝える手段には関係があるのか？更に、自分は教えることにどんな喜びを見出しているのか？自分はどんなことを大事に思って教えているのか？など、そういった問いに対して、一つひとつ「自分の才能」をしっかりと定義できていることが、"自分の才能をよく知っている"という状態です。つまり、「自分には◎◎という才能がある」といったぼんやりと曖昧で抽象的なイメージを、自分流に認識し直すことが何より大切なのです。

自分の才能をよく知っていくと、「こういう場面、こういう対象の場合にはAという才能が発揮されている、別の場面・別の対象の場合は、実はBという才能が発揮されている」ということもわかるようになります。更に、「この場面では、自分のAという才能だけではなく、Cという才能も使ったほうが、もっと力が発揮される」といったことに気付けることもあります。1章では、自分の才能をもっとよく知っていくために、そもそも、「才能とは何か？」について、考えていきます。

②自分の才能をもっと上手に使う！
あなたは、自分の才能を使いこなしていますか？

才能を活かし、使いこなしていくためには、自分流に才能を認識した上で、「使いこなす」という練習が必要です。
ここで、スマートフォンを想像してみてください。「才能を発見した・才能を知っている」というのは、ある意味、まだスマートフォンにアプリを

追加しただけの状態にすぎません。アプリというものは使うことでのみ、それが自分にとって有効かどうか、便利かどうかがわかります。自分の持っているアプリを徹底的に使いこなすことによって、より良い使い方も、便利な裏技もわかってきます。ただアプリを持っているだけでは、何の意味もないのです。

才能も同じです。自分の才能をよく知り、いろいろ使ってみることで、才能の使い道は広がっていきます。「自分にはこの才能がある」という状態に満足し、そのまま深めずにいると、限定的なことにしか活用できなかったり、もしくは、全く使う機会もないまま、「自分の才能には価値がない」とか「今のこの仕事では、自分の才能を活かすことができない」とか「この職場は自分の才能が発揮できないから、会社や仕事を変えたほうがいい」などといった安易な考えにつながってしまうことも多いです。
これは、別の言い方をすれば、自分の才能を過小評価しているということです。才能というものは、ピンポイントでしか使えないものではなく、決まりきった一辺倒のものでもなく、常に柔軟に「変えていける」「広げていける」ものです。この場面でしか使えない才能、こういうパターンでしか使えない才能は、本当の意味では、「才能」とは呼べないと、私は考えています。

例えば、「イラストを描くこと」に才能がある人は、イラストレーターか漫画家にでもならなければ、その才能は発揮できないかというと、そんなことはないはずです。会社の広報部で、職場のポスターのデザインをすることもできるでしょうし、営業部で、企画書にわかりやすいイラストを添えたりすることもできるでしょうし、学校の先生として、クラスの新聞にイラストを書き込んであげることもできるでしょう。もっと自分流に認識し直すことができれば、「イラストを描くこと＝物事を俯瞰的に抽象的に観察・表現できること」とも捉えられるので、様々な意見を俯瞰的に取り

入れる会議の司会や、わかりやすい説明・プレゼンテーションのスキルとして、使いこなしていける可能性もあるのです。

才能とは、本来、どんな場所・場面でも「使い方を変えて活用できる」ものです。才能は使いこなしていくことで、今よりも何倍もの力を発揮でき、変わりゆく時代や環境の中でも柔軟に適応させていけるのです。
本書では、自分の才能をもっと使っていくために、「才能を使いこなすための方法」について、お伝えしていきます。

③未知なる才能を開発し、磨き続ける！
あなたは、自分の未知なる才能を開発していますか？

才能は「使いこなす」だけでなく、まだ使っていない才能を開発したり、磨き続けたりすることもできます。才能の可能性は無限大なのです。職場や学校、コミュニティや人間関係など、一つの場所で、自分の才能の活かし方が一つでも見つかっていれば、まずは安心できますし、やりがいを感じたり、幸せな気持ちにもなるでしょう。しかし、今、VUCA【Volatility（変動性）Uncertainty（不確実性）Complexity（複雑性）Ambiguity（曖昧さ）】の時代と呼ばれるようになり、ますます世の中が加速度的に変化していく中、社会も仕事もプライベートも環境や人間関係はおそらくどんどん変わっていきますし、年齢や状況に合わせて、自分自身の興味や関心もきっと変化していくでしょう。そんな激動の時代の中で、「自分の才能はこれだ！」「自分の才能はこういう場面で活きる！」などと決めつけてしまうのは、自分の才能への過小評価ですし、スムーズに幸せに生きていくためにも適切とはいえません。
本書では、「才能をよく知り、使いこなせるようになる」というところから、更にその一歩先の、まだ使えていない未知なる自分の才能を開発し、磨き続けていくことについても、ご説明していきます。

本書を通して、「才能エンジン」を駆動する使い方を理解していただき、共に未知なる可能性を開拓していきましょう。

才能の奴隷から才能のオーナーへ

「こんな才能を持っている私には、どんな仕事が向きますか？」「転職しようと思っているんですが、私の能力では、どんな業界が適していますか？」「この才能では、マネージャーなんて到底向いていないと思うんですが……」といった質問や相談を、コーチングやワークショップの時間に、本当によくいただきます。
私は才能トレーナーとしてこう答えています。

「たしかに、あなたの才能の特徴によって、一定の向き不向きはあります。だからといって、『この才能に向いているのはエンジニアです。営業には向いていません』『よし、では、エンジニアでがんばろう！』といった短絡的な選択では間違う可能性が高いのです。『才能に向く仕事を見つける』といった考え方は、一旦、手放しましょう。**あなたは、まだ、その仕事に対して才能の向かわせ方を知らないだけです。自分の才能の使いこなし方を知れば、どんな才能でも、全ての仕事において活躍できる可能性を秘めています。**それを知った上で、仕事は選んでいきましょう！」

この言葉の意味について、少し解説します。

(1) 才能に、仕事の向き不向きは存在しないのか？

才能によって、仕事の向き・不向きがあるかないかでいうと、もちろん、あります。「思考することが得意」といった思考型の才能が強ければ、ルーチン業務中心の仕事は向かない可能性が高いですし、「人との関係構築が

上手」といった才能であれば、一人で完結することを求められる仕事には
モチベーションが上がりづらいでしょう。

自分の持ち合わせている才能の特徴に合わせて、仕事をある程度見極める
ことは重要です。ただし、この視点だけで才能を捉えてしまうと、抜け落
ちてしまう大事な考え方があります。

それは、「**才能は変化していく、才能は磨いていくほど可能性は広がる**」
ということです。

「自分の才能はずっと変わらない」という前提でいるのか、

「自分の才能は変化するし進化する」という前提でいるのか。

どちらの前提でいるのかによって、自分の才能の使い方は全く異なります。

(2) 仕事に、才能の有無は関係しないのか？

「人の話をちゃんと聞ける才能がないから、マネージャーには向かない」

「社交的な才能なんてないから、営業とか外に出る仕事はしたくないの」

「売上目標至上主義の上司と、お客様第一主義の私のやり方との相性が全
然合わなくて……」

このように、才能の有無によって、仕事や人との相性を決めてしまってい
るケースをよく見かけます。ついつい、こういう考え方をしたくなるのは、
気持ち的にはわかります。

ただ、これは、才能を中心に置き過ぎた考え方をしてしまっているのです。
才能というものにこだわり過ぎた結果、才能に極端に媚びへつらい、才能
がとにかく快適でいられるようにと、まるで自分が、自分の**才能の奴隷**に
なってしまっている状態です。

その仕事に自分の才能が向いているかどうかの前に、あくまで、あなた自
身がどうしたいか、どうなりたいか、どんな可能性を秘めているのか、と
いう、あなたの意志こそを大切にするべきなのです。自分が才能の奴隷に

なりさがり、この仕事は自分の才能に向いているかどうか、この人との関係は自分の才能を発揮できるかどうかという判断だけをするのではなく、自分が**才能のオーナー**になって、オーナーの意志の元に、様々な環境や関係に適応できるように、才能をコントロールしていくことが必要なのです。

■「人の話をちゃんと聞ける才能がないから、マネージャーには向かない」
↓

あなたが自分の才能のオーナーであれば……①あなたの才能を活かした話の聞き方を身に付けられる②聞くことではなくても、あなたらしい才能を強みにしてマネージャーとして活躍できる、といった可能性が見えてきます。

■「社交的な才能なんてないから、営業とか外に出る仕事はしたくないの」
↓

あなたが自分の才能のオーナーになれば……社交的ではない形で、自分の才能の使い方を工夫して、外の人に影響力を発揮するには？という方法を探してみることもできます。

■「売上目標至上主義の上司と、お客様第一主義の私のやり方との相性が全然合わなくて……」
↓

あなたが自分の才能のオーナーだったら……自分と上司の才能との違いを認識して、お互いの違いを活かした協力の仕方を見つけることもできるかもしれません。もしくは、自分の才能の使い方を工夫することによって、目標にコミットするという行動を手に入れられる可能性があります。

とにかく強調したいのは、あなたの才能はまだまだ凄まじい可能性を秘めているということです。「自分はこういう特性・強み・才能がある」とい

う凝り固まった考えに捉われてしまい、いつしか才能の奴隷として振り回されていることに気付きましょう。

自分が才能のオーナーとなって、才能を使いこなし、いろいろな使い方を習得していくことで、あなたの才能はあなたの想像を超えて、進化を遂げていくでしょう。

せっかくの「自分の才能を知る」ことも、あなたの可能性を限定してしまうための行為であってはいけません。むしろ逆で、「自分の才能を知る」ことの本当の意味は、あなたの中からもっと多様で豊かな可能性が湧き出てくるということなのです。

才能を見つけること＝それはただのスタートライン

人生というのは、才能を見つけ、才能を使いこなしながら、才能をどんどん開発し続けていくマラソンのようなものだと、私は考えています。「自分の才能を見つけた！」それだけでは、何も始まっていないのです。「才能の発見」という段階では、まだやっとスタートラインに立てただけに過ぎないのです。

自分の才能を見つけたら、その才能一つの使い方を繰り返し練習し、才能を使う技術をとにかく鍛錬していくことです。意識的な練習（Deliberative Practice）をすることによってのみ、あなたの能力は、唯一無二の才能に成っていくのです。この才能を使いこなし続けるマラソンを走り切るためには、走れば走るほど、どんどんエネルギーが湧き出てくる永久エンジンのような形で才能を使っていかなければ、持久力もモチベーションも続いてはいかないでしょう。人生という長い道のりを、自分の才能を存分に使いながら、楽しく幸せに走り続けられる方法を身に付けていただきたい、それが本書に込めた思いです。

目次

7章　才能を圧倒的に使いこなす
10のトレーニング・メソッド　144

10 のトレーニング　　166

おわりに　　206

1章　才能とは何か？

「才能」についての誤解とミスリード

一般的によく使われる「才能」（タレント、天性）という言葉。しかし、この「才能」という言葉には、多くの誤解やミスリードがあります。例えば、以下の２つの文脈で使われている「才能」という言葉には、注意しなくてはなりません。

＜すごい実績を出している根拠として使われる「才能」＞
ある人を雑誌やネット記事、動画などで紹介する時に、そのインパクトを伝えるために、「才能」「タレント」という言葉がよく使われます。

「こんなことできるのは、すごい才能の持ち主なんだね」
「このチームはタレント揃いだなぁ」
「この人の DNA には音楽を奏でる才能が刻まれている」
「君は生まれついての天性のリーダーだ！」

など、これらは、「すごい実績・アウトプットだ！特別に優れた人だ！」ということを伝えるために、「才能」という言葉が使われています。

この文脈を上辺だけさらうと、「すごい実績・アウトプットを出すには、すでに出来上がっている才能が存在している」という認識ができあがり、「才能とは、才能を見つけた瞬間には、すでにすごいアウトプットができるようになっている」というような誤解が発生してしまうのです。

＜何かを諦めるため、挫折した人の免罪符として使われる「才能」＞

スポーツでも、勉強でも、芸術でも、何かにつまずき、失敗し、自分の成長の伸びしろを感じられなくなった時、「自分には才能がなかったんだ」「あの人の才能に勝つことはできない」という意図で語られる時の「才能」という言葉があります。

これらの意図で使われる文脈で、多くの人は「才能」という言葉を理解していくので、「才能を持つもの／持たざるものがいる」「才能は遺伝や環境で決まってしまっている」といった固定観念が、世の中には数多くはびこっています。
結果、「才能」についての本来の意味が見失われてしまっているように感じます。

ここで科学的知見からの「才能」という言葉の意味にも目を向けてみましょう。論文などでは、「才能とは自然に繰り返される思考、感情、行動のパターン」と定義されています（Clifton and Harter 2003,Asplund et al.2014）。つまり、「いつも分厚い本や論文を読み漁っている」「ブレイン・ストーミングしているとアイデアが自然と湧いてくるんだ」「休みの日はとにかく人と会っている。その時間が楽しい」「トラブル時には、気がつくとチームのメンバーにバンバンと指示を出している」など、意識せずとも当たり前にできてしまう行動、それは才能と呼べるのではないかということです。雑誌やネット記事、動画などメディアで使われる「才能」と、科学的知見で定義されている「才能」には、どうやらズレがありそうです。

本書では、一般的に流布しているような「才能」のイメージではなく、この科学的知見で定義されている「才能とは自然に繰り返される思考、感情、行動のパターン」をベースにしながら、才能の本質に迫っていきたいと思います。

まず、「自然に」という言葉の意味をしっかり捉えておかないと、才能の認識を間違えてしまうことがあります。「自分が自然にできてしまう行動」という意味合いでいくと、一見、以下のようなことも当てはまりそうに思えてしまいます。

- 九九（掛け算）をスラスラと言う
- ３年間、学校に登校したら、毎朝、花壇に水をやり続けた
- 電車で老人が立っていたので席を譲る
- オフィスに出社したら、「挨拶をする」ことが習慣化している
- 営業を10年続けてきて、この商品の説明は、資料なしでおこなえる
- 戦争の映像を目にすると、すぐに感情がこみあげてくる
- コンビニでレジが行列になっていたら、後ろに並ぶ
- 野球で何万回も素振りをしてきたから、いつものバッティングフォームは自然とできる
- 家に帰ったら、靴を揃えて置き直し、手洗いとうがいをする
- 一度準備不足でプレゼンで大失敗したことがトラウマで、プレゼン前には必ず準備を欠かさない

これらの行動は、自然に当たり前にできていることのように見えます。習慣化され続けてきたこと、社会的規範やルールとしてしつけられてきたこと、何回も何回も反復し学習して身に付けたこと。これらのことも、自然と当たり前に繰り返せる行動ではありますが、これらを全てイコール才能と捉えてしまうと、才能を間違った形で認識してしまうことになります。この「自然に」という言葉のミスリードを防ぐために、本書では、次の図のように才能を定義したいと思います。

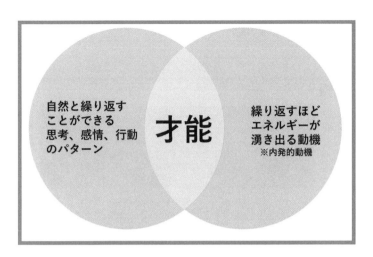

「才能」とは、**自然と繰り返すことができ、かつ、繰り返せば繰り返すほどエネルギーが湧き出る動機を伴う思考・感情・行動のパターンのこと。**

そして、この「才能」の定義を元に、

　・誰もが才能を持っている。

　　ただ、それを使っている人と使っていない人がいるだけ。

　・才能は自分の使い方次第で強みにも弱みにもなる。

　・才能は使いこなすことで、変化・成長していく。

という「才能の真実」について、お伝えしていきます。

才能を発揮するには、動機が大切

内発的動機

	内発的動機	外発的動機
持続性	長期持続	短期的
心的状態	わくわく 最高価値 有能感 自己決定感	奮起 べき・強制感 義務感・タスク感 オロオロ
対価	やりがい、好奇心、 自己成長、自己実現 （不変性が高い）	報酬、強要、脅し、監視、 競争、評価、叱責
行動の捉え方	目的≒手段 ※もはや境目なくなる位の感覚	手段化
よくある名称	ゾーン フロー状態	インセンティブ

科学的知見で定義されている「自然と繰り返される思考、感情、行動のパターン」と「繰り返せば繰り返すほどエネルギーが湧き出る動機」の掛け合わさる部分が才能である、それが「才能」の定義です。この「繰り返せば繰り返すほどエネルギーが湧き出る動機」についてですが、これは**内発的動機**という言葉で言い換えることができます。

内発的動機とは、ワクワク、楽しさ、有能感を感じるような感覚です。その行動をとることで、ワクワクや楽しさを感じるため、好奇心も刺激されやすく、目の前の仕事や役割についても、やりがいを感じやすいのです。この考え方はエドワード・L・デシという社会心理学者の「自己決定理論」（Self-Determination Theory）に基づいています。

「他人に褒めてもらえるから」「お金がもらえるから」「周りから叩かれないように」「社会人として恥ずかしくないように」といった自分の外側に起因した動機（外発的動機）ではなく、自分の内側から自然に湧き出てしまうような感覚が、この内発的動機の特徴です。むしろ、「他人から褒め

られなくても楽しいと思える」「見返りがなくても続けることができる」といった感覚が芽生えてきやすいのが、内発的動機なのです。

登山家に「なぜ、山を登るのですか?」と聞いた時に、「そこに山があるからさ」と答えるような感覚です。登山という手段そのものが楽しいので、「目的でもあり手段でもある」というような状態として認識しやすいのが内発的動機になります。

内発的動機は一人ひとり全く違う形で存在している

内発的動機の例をいくつかご紹介します。

未知の価値観に触れる(30代、男性、人材会社マネージャー)

「知らない人と会って話すのが大好き」と断言する方です。海外旅行でもパブや飲み屋で現地の人とすぐに仲良くなってしまい、そのために海外旅行をしている、と言ってしまっても過言ではないような感覚です。本を読むのも未知の価値観と出会えるのが楽しい。この方にとって読書とは、読むものではなく、本の著者と語り明かすような行為になっています。

最適解を出す(20代、女性、実業団ソフトボールのキャッチャー)

女子実業団ソフトボールのキャッチャーをしている方です。キャッチャーは試合の状況、投手の特徴、打者との読み合いを制しながら、配球を考え、守備陣に指示を出す、守りの要のようなポジションです。「リアルタイムで何が理想かを考えて、現状とのギャップをどう埋めていくのかを実践していくことがただただ楽しい!」と仰っています。

未来を語る(30代、男性、広告代理店勤務)

広告代理店で、戦略提案の仕事をしている方です。業界の最新情報などを

元に、クライアントにとって最も価値のある戦略を練り、クライアントの理想の未来を語り、実現するためのプランを伝えています。この方は、未来を語っている瞬間が大好きなので、「ぶっちゃけ、失注してもいいと思えるくらい、未来を語れているだけで楽しいんだよね」と語っています。※ただし、素晴らしい未来・戦略を作り上げる才能があるので、結果として仕事の成果につながっています。

わかりやすくする（著者：中村勇気）

私は「物事をわかりやすくしていく」のが、三度の飯より好きというくらい大好きです（笑）。人間の能力や才能という、曖昧で複雑でいろいろな解釈が渦巻いている世界を深堀りし、文字ではなく、図解にしたり絵に落とし込んだりしながら、形にしていくプロセスが大好きです。また漫画も大好きで、いろいろな漫画のイケてる構図や名言、絶妙な心理描写を見つけるとメモをとって収集しまくっています。これも「わかりやすくされている状態」の表現を知ることで、自分のわかりやすくする行為の肥やしにしています。

このように、内発的動機とは人間の声紋や指紋と同じで、一人ひとり全く違う形で存在しています。

個人の動機における6段階

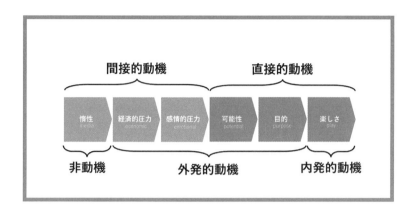

内発的動機を見極めていくために、そもそも動機にはどのような種類があるのかを見ていきましょう。

行動する上での個人の動機は、大きく分類すると間接的動機と直接的動機、細かく分けると上の6つの動機に分けられます。一番右にある「楽しさ」が内発的動機です。才能を圧倒的に使いこなす上で、最も重視したい動機の一つになります。横に続く「目的」「可能性」「感情的圧力」「経済的圧力」が外発的動機、一番左の「惰性」が非動機で、本来は動機ですらありません。これは、エドワード・L・デシが作った自己決定理論にある「自己決定連続体」を、ニール・ドシ、リンゼイ・マクレガーの両名が「トータルモチベーション」という言葉にわかりやすく言い換えた考え方になります。このトータルモチベーションの考え方については、『マッキンゼー流 最高の社風のつくり方』（日経BP）という彼らの書籍に詳しく書かれていますので、興味のある方はご一読ください。

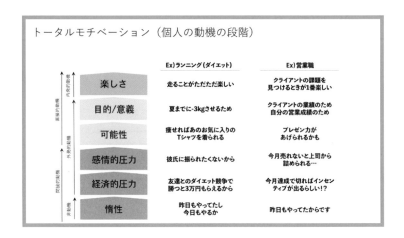

トータルモチベーション（個人の動機の段階）

	Ex) ランニング（ダイエット）	Ex) 営業職
楽しさ	走ることがただただ楽しい	クライアントの課題を見つけるときが1番楽しい
目的/意義	夏までに-3kgさせるため	クライアントの業績のため自分の営業成績のため
可能性	痩せればあのお気に入りのTシャツを着られる	プレゼン力があげられるかも
感情的圧力	彼氏に振られたくないから	今月売れないと上司から詰められる…
経済的圧力	友達とのダイエット競争で勝つと3万円もらえるから	今月達成で切ればインセンティブが出るらしい!?
惰性	昨日もやってたし今日もやるか	昨日もやってたからです

　6つの中で、「惰性」「経済的圧力」「感情的圧力」という間接的動機は、比較的簡単に内発的動機の「楽しさ」との違いを見極めやすいものです。お金や打算的なメリットとしての「経済的圧力」、他者からの注目や称賛、羞恥心、罪悪感などの「感情的圧力」という間接的動機がなくても、「やりたい！楽しい！」という感覚が伴っていると内発的動機になります。

　しかし、「可能性」「目的／意義」という直接的動機の場合は、「楽しさ」としての内発的動機との見極めは、なかなか難しいかもしれません。上の図を参考にしながら、自分の普段の行動は、それぞれどんな動機でおこなっているのかについて、考えてみてください。

　「楽しさ」という内発的動機がありつつ、「可能性」や「目的／意義」という動機「も」同時にあるという状態も存在しますので、「可能性」「目的／意義」の動機が一概にダメだということではありません。

外発的動機メインの考え方

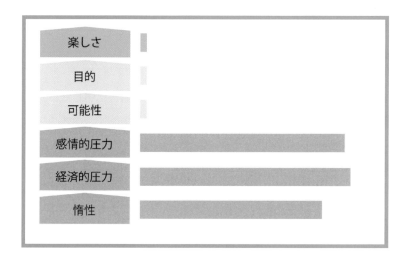

この図は間接的動機がメインの方の動機割合のイメージです。実は、人の行動というのは、「楽しさ」という内発的動機では行動しておらず、間接的動機をメインの原動力にしている場合が圧倒的に多いのです。

間接的動機をメインの原動力にしているとは、どのような状態のことでしょうか。
間接的動機をメインにしている、あるエンジニアの「なぜ働くのか？」という問いに対するコメントから考えてみましょう。

「僕がこの会社でインフラエンジニアとして働いているのは、家族を養うためです。僕が稼がないと、家族を路頭に迷わせることにもなっちゃいますからね（経済的圧力）。社会人として稼げる自分でいたいんです（感情的圧力）。本当はゲームを作るのが好きで、子どもの頃は、自分でボードゲームを創作したりするのは楽しかったですね（楽しさ）。ゲーム関連の開発

ができたら自分のスキルも上がるな（可能性）、と思った時期もありました。新卒で入社した頃は、「自分でゲーム会社を起業するんだ（目的）」なんてことも考えていました。ただ、そんなことよりも、今この会社では、次のマネージャーになれる可能性も見えてきてるから、頑張ってますよ（経済的圧力）」

この方は、直接的動機である楽しさ、目的、可能性は過去に感じたことがありますが、今仕事をしている動機は経済的圧力や感情的圧力がメインの状態になっています。

このように、昔は直接的動機（楽しさ、目的、可能性）で働いていたが、家族を持ったり、キャリアを積み重ねていく過程で、間接的動機（感情的圧力、経済的圧力）に支配される人はとても多いのです。才能のトレーニングをおこなう上でも、この間接的動機を剥がし、本来の直接的動機（特に内発的動機）を見つけ出していけるかどうかは、とても大事なポイントになります。

人間は皆、理由作り／言い訳作りの天才です。成人発達理論を研究するロバート・キーガンも「人間には逃れられない2つの宿命がある。それは思い込むことと意味をつけることだ」と言っています。人間は何をするにしても、良くも悪くも動機を探そうとしますし、「その動機こそが自分にとって重要なのだ」という思い込みを作り出していく機能が、そもそも備わっています。

念を押して伝えておきたいのは、決して「家族のため」「社会的地位のため」という外発的動機がダメなわけではありません。しかし、人間は、「本当は昇進や高い給料のため」「人前で恥をかきたくないから」といった間接的動機にも関わらず、「誰かを助けるため」「何かを実現するため」というキレイで見栄えの良い直接的動機っぽいストーリーを、ついつい頭の中

で仕立て上げます。やがて、その表面上の動機と本心の動機の乖離に何の疑問も持たなくなり、慣れていってしまいます。そして、そのストーリーを肯定するための理由をたくさん積み上げ、更に理論武装をしていきます。ある意味、自己洗脳といってもいいと思います。その本心をひた隠しにしながら、ストーリーに沿って10年、20年と生きていくうちに、いつのまにか自分の「楽しさ」「目的」「可能性」という動機は埋もれてしまい、本音を探せど探せど、いろいろな行動を試せど試せど、全然見つからず、気付けば「私の本当に心躍る純度の高い『楽しさ』って何だったっけ？」という状態に陥ってしまうのです。

直接的動機×間接的動機を組み合わせて使う

間接的動機のリスクにフォーカスしがちでしたが、重ねていうと、間接的・外発的動機が良くないというわけではありません。**間接的・外発的動機のデメリットを知った上で、うまく使っていくという考え方が大事**なのです。どんな仕事も、自分一人では成立しません。チームや組織として誰かと関わりながら仕事をする以上、メリットや打算で考えることや、誰かを非難したい気持ち、イライラ、悲しみの感情といった間接的動機はほぼ100％発生します。重要なのは、内発的動機で、あなたにとっての「楽しさ」が伴うように才能を仕事で使いつつ、間接的動機を自分のパフォーマンスを上げるための刺激として活用していく**「動機のマネジメント」**です。

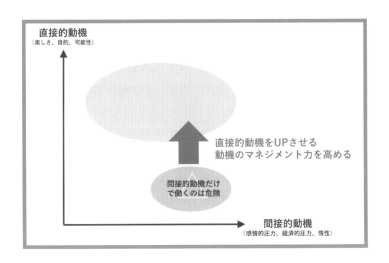

図中テキスト:
直接的動機
（楽しさ、目的、可能性）

直接的動機をUPさせる
動機のマネジメント力を高める

間接的動機だけ
で働くのは危険

間接的動機
（感情的圧力、経済的圧力、惰性）

例えば、目標達成の方法として、「宣言する」という手法はよく使われます。「今年中に独立します！」「今年こそ恋人を見つけます！」とFacebookやInstagramなどSNSで発信して、自分の尻に火を付けるといった行為、これは目標やゴールを持つという直接的動機の「目的」に対して、「宣言した以上はやらなきゃ」と間接的動機の「感情的圧力」を使って動機づけしています。外側に向けて宣言することで、コミット感を作り出すことができます。これは直接的動機と間接的動機をうまく使えているパターンです。

他にも、会社では、「やったこともないマネージャーをいきなり任せられた」「新規事業の立ち上げに抜擢された」など責任ある仕事や役割を任せるといったケースもよくあるでしょう。役割や責任を先に与えることで、「やったことないのに、失敗したらどうしよう」「もう任されたことだし……やるしかないか！」といった間接的動機で後押しして、自分の成長につなげるパターンです。この場合は間接的動機で動き始めているため、その後、上司や同僚との対話を経て、「楽しさ、目的、可能性」といった直接的動機をしっかり動機づけしていくことで、主体性を持って動いていくことが

できます。

「好きを仕事に」は間接的動機が増えるパターン

他にも、最初は「楽しい！好き！」という内発的動機から、趣味で続けていた手芸だったのに、副業としてお金を稼ぎ始めたところ、「買ってくれたお客さんのニーズに答えなきゃ」「お客さんのたび重なる要望に応え続ける」「お金を頂いているから完璧な物を作らなきゃ」といった間接的動機（感情的圧力や経済的圧力）を増加させることもあります。間接的動機は後押しにもなりますが、行き過ぎれば重荷になることもあります。このように、直接的動機との間接的動機とのバランスをとりながら動機づけしていくことが大切になります。

付録【才能にたどり着くための 3 つの step】ワークシート

本書で定義する「自分の才能」へとたどり着くための考え方を、3 step に分解してお伝えしておきます。

step ごとに実例を元に解説を入れていますので、まずはざっと読むだけでも OK です。実践してみたい方はワークシートをダウンロードしていただき、3 つの step を通して、「才能の言語化」にチャレンジしてみましょう。本書を読み終えてから、この 3 step を実践いただいた方が、より手応えを感じていただけると思います。

※「才能の言語化ワークシート」を使って進めていきます。

ワークシートは、ダウンロードして活用いただくことが可能です。

巻末にダウンロード資料の URL を記載してあります。

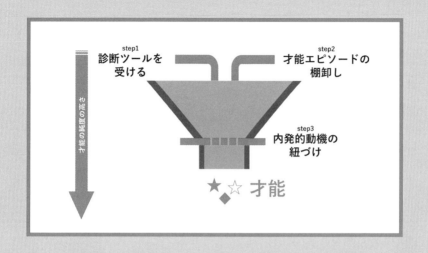

step1
診断ツールを
受ける

step2
才能エピソードの
棚卸し

step3
内発的動機の
紐づけ

才能の純度の高さ

★ ☆ ◆ 才能

step 1　診断ツール（サーベイ）で、自分の才能に当たりをつける

自分の「自然と繰り返すことができる思考、感情、行動のパターン」に当たりをつけてみるには、資質や才能発見の診断ツール（サーベイ）を受けてしまうことが簡単な方法です。有名な診断ツールとしては、ストレングス・ファインダー®（現クリフトンストレングス®）というサーベイ（有料）や、研究で頻繁に使われる VIA-IS（無料）などがあります。診断ツール等を通すことで、あなたの毎日の数千を超える全ての行動の中から、才能や強みの候補となる素材を見つけていくことができます。

しかし、診断ツール（サーベイ）の扱い方については、注意が必要です。ただ診断ツールを受けて、結果を知っただけでは、あなたの才能にたどりつけるわけではありません。多くの人は、診断ツールを受けても、結果を数回読んで、あとは放置してしまっているようなケースがほとんどです。

診断ツールを受ける際のポイントを一つだけお伝えしておくと、「自分は

こうあるべき」というような社会的な価値観に縛られず、自分の心に素直に、フラットな状態で受けてください。こういった診断ツールは、基本的に「自己評価（自分で自分のことを評価する）」で回答していきます。例えば、診断ツールを受ける直前まで、上司にめちゃくちゃ怒られていて、「君はもっとチームメンバーの意見にも耳を傾けるべきだ」「しっかり考えてから行動していればこんな失敗にならなかった」というフィードバックを受けていたとします。そうすると「熟慮すること」や「話を聞くこと」の自己評価にバイアスがかかってしまうのです。（バイアスのかかり方はその人の特性によっても異なります）様々な外側からの影響にがんじがらめになっている状態ではなく、リラックスして、いつもの自分なら自然とこういった行動をとる、こういった選択をする、というスタンスを心がけてください。

例：（金融商品の営業を担当するＹさんの場合）
診断ツール：ストレングス・ファインダー
強み：戦略性、学習欲、個別化、内省、着想

step 2　才能エピソードの棚卸し

診断ツールで、いくつか「あなたの才能や強みらしいもの」が結果として出てきたと思います。今度は、自分の過去の経験やエピソードを棚卸して、思い出しながら、「才能の候補群」を見つけていきます。

<u>手順１：没頭していたエピソード、成功エピソードを１つ思い出す</u>

過去、あなたが経験してきた仕事の中で、とてもやりがいを感じた体験、成果や目覚ましい結果につなげられた経験、とにかくハマっていた経験を

思い出して、１つ選んでください。（仕事で思い出せない場合は、大学や高校時代のエピソード、プライベートな体験でも OK です）

例：（金融商品の営業担当・Y さん）
１：万年最下位の営業チームの復活プランを考え、全国２位までのチームにできた。
２：社内では反対もあったが企画を通し、SNS 広告で前年比３倍の成果を出した。
３：営業チームがとにかくスムーズに動けるような仕組み化を促進した。チームに貢献している感覚があり、大きなやりがいを感じた。

手順２：選んだエピソードの具体的な行動の流れを、年表形式で洗い出す

手順１で出てきたエピソードを具体的に思い出し、あなたがどんな思考で、どんな行動をとっていったのか、時間の流れに沿って（年表形式で）、洗い出していきます。

例：万年最下位の営業チームの復活プランを考え、全国２位までのチームにできた。（金融商品の営業担当・Y さん）

1. チームメンバーに状況をヒアリングした
2. 他チームの結果や成功のポイントを一人で分析した
3. チームリーダーと議論して戦略を練り、復活の勝ち筋が見つかった
4. 戦略をチームみんなにプレゼンする機会を任された
5. プレゼンの準備として、どうすれば伝わるかを練り上げた
6. プレゼンでみんなに自分の思いもセットで伝えた
7. 戦略に則って、チームが行動し始めた。自分が先頭を切って営業活動をおこなった

8. 開始１か月で戦略が有効だとわかり、更に踏み込んで行動量を増やした

9. チームメンバーで、次はどうするか、課題は何かなどを何度も議論した

10. チーム一丸となっている感覚をとても感じていた

11. 半年後、全国でも２位の結果を残すことができた

<u>手順３：セルフチェックシートで、才能の候補群の行動を絞り込む</u>

以下の「才能の簡易チェックリスト」を使って、手順２で洗い出した行動
の一つひとつに、６つのチェックリストが当てはまるかどうかを埋めてい
きます。一つの行動につき、０〜６個のチェックが入ります。その中から、
チェックが４個以上の行動を、あなたの「才能の候補群」としてリストアッ
プしていきます。

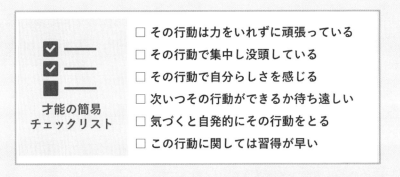

診断ツールを受けている場合は、診断ツールの結果と、行動一覧を紐づけ
てみます。
チェックリストの個数と、診断ツールの結果を見比べてみてください。

＜もし、チェック４個以上の行動が出てこない場合は？＞
エピソードを変えて、もう一度、step 2 を実行してください。仕事では
なかなか難しい場合は、趣味や中学〜大学などの成功体験や没頭した経験

に絞り込んでみてください。

この手順１〜３で、自分が自然にとっている行動群が棚卸しされます。

参考までに、ワークシートと記載例を載せておきます。

エピソード名（手順1）	診断ツールの結果	才能の候補群
万年最下位の営業チームの復活プランを考え、全国2位までのチームにできた	A.戦略性 B.学習欲 C.個別化 D.内省 E.着想	✓ 他チームの結果や成功のポイントを一人で分析 ✓ チームリーダーと議論して戦略を練り勝ち筋を見つける ✓ 戦略に則った行動を率先する ✓ チームメンバーと結果をつなげるための議論をする

行動一覧	ひもづく診断ツールの結果	その行動は力をいれずに頑張っている	その行動で集中し没頭している	その行動で自分らしさを感じる	次いつその行動ができるか待ち遠しい	気づくと自発的にその行動をとる	この行動に関しては習得が早い	チェック数
1.チームメンバーに状況をヒアリングした	B,C	■	□	□	□	■	□	2個
2.他チームの結果や成功のポイントを一人で分析	A,D,E	■	■	□	■	■	■	5個
3.チームリーダーと議論して戦略を練り勝ち筋が見つかった	A,B,D,E	■	■	■	■	■	■	6個
4.戦略をチームみんなにプレゼンする機会を任された	B	□	■	■	□	■	□	3個
5.プレゼンの準備、どうすれば伝わるか練り上げた	A,B,D	□	■	■	□	■	□	3個
6.プレゼンでみんなに自分の思いもセットで伝えた	B	■	■	□	□	□	□	2個
7.戦略に則り、チームが行動をし始める。自分が先頭切って営業活動した	A,E	■	■	□	□	■	■	4個
8.あと1ヶ月で戦略が有効だということがわかり、更に踏み込み行動を増やす	A,E	□	□	□	□	□	■	1個
9.チームメンバーで、次どうするか、課題は何かなど議論し合う	B,C,D,E	■	■	□	□	■	■	4個
10.チーム一丸となっている感覚をとても感じていた	A	□	□	■	□	□	□	1個
11.半年後、全国でも2位の結果を残すことができた	A	□	□	□	□	□	□	個
		□	□	□	□	□	□	個
		□	□	□	□	□	□	個
		□	□	□	□	□	□	個

Ｙさんの場合、チェックリストの結果、以下の４つが「才能の候補群」として明らかになりました。

▼才能の候補群

　・他チームの結果や成功のポイントを一人で分析する

　・チームリーダーと議論して戦略を練り、勝ち筋を見つける

　・戦略に則った行動を率先する

　・チームメンバーと結果につなげるための議論をする

＊更に才能の精度を高めたい方は、５〜10個程度のエピソードで手順１〜３を

繰り返し、行動群をリストアップしてみてください。複数のエピソードから才能の候補群を絞り込むことで、才能の候補数を増やすことができますし、どのエピソードにも同じように現れる行動が見えてくれば、より才能の絞り込みがしやすくなります。

＊この才能の棚卸しは、「ストレングス・スポッティング」という手法を参考にしています。私は、この手法をカスタマイズして、コーチングプログラムの中のセルフワークとして使っています。「ストレングス・スポッティング」は、ペアワークでやることでより効果が出ますので、詳しくは、巻末で紹介するダウンロードページからアクセスしてください。

step 3　内発的動機の紐づけ

このstep 3は自分の純度の高い才能を見つける上でとても重要なstepです。step 2で見つかった才能の候補群に、内発的動機を紐づけることで、より純度の高い才能にたどりつけます。

才能とは、自然と繰り返すことができ、かつ、繰り返せば繰り返すほどエネルギーが湧き出る動機を伴う思考・感情・行動のパターンのことです。以下にある「内発的動機を見つけるための問い」で、自身の内発的動機を言語化し、これまでに見えてきた複数個の才能候補群と内発的動機が合致するものを探してみてください。
＊このstepでは、ワークシートB、Cを活用します。

内発的動機の見つけ方

＜手順１：内発的動機の候補を洗い出す＞

以下の問いを使い、「どんな状態」「何をしている時」を書き出していきます。

- あなたが趣味としてハマっていること（ハマっていたこと）、楽しくてやり続けている（続けていた）ことはどんなことですか？5個以上を目安に出してください。

例：漫画、サッカー観戦、料理チャンネルの youtube 視聴、切手集め、映画の名シーン収集、海外に行く、格安コスメ、ポーカー

- 同僚や友人と会って話をする時に、どんなテーマだと時間を忘れて、話し続けられたり、聞き続けられますか？5個以上を目安に出してください。

例：仕事への思い、人や自分の失敗体験、恋愛トーク、住宅について、親の教育方針について、海外旅行、時代の流れやトレンド、テクノロジーについて

- あなたが自分の人生で生涯にわたり、勉強したい、学び続けたいと思うテーマや分野はどんなものがありますか？5個以上を目安に出してください。

例：経営、DIY の手法、資産作りについて、教育について、面白く生きるための方法、自己啓発について、身体や健康のこと、演劇について

<手順2：意図（意味・目的・理由）について探る>

以下の問いを参考にしながら、手順1で出てきた行為や対象の意図（意味・目的・理由）を探っていきます。

・その趣味やハマっていたことのどんなところが楽しいですか？どんな
意図がありますか？5個以上出してください。

例：

漫画 ➡ 主人公の苦悩への共感、主人公みたいになりたい、ファンタジー
物が好きなのは非日常を感じたいから

ポーカー ➡ 相手の意図や行動との読み合いが刺激的、手持ちのカードで
いかに勝つのかという戦略を練るのが楽しい、頭がスパークする感じ

・話し続けられる／聞き続けられるテーマのどんなところに意味を感じ
ていますか？どんな楽しさがありますか？5個以上出してください。

例：

住宅について ➡ 素材やレイアウトのこだわりを聞くのが面白い、完成ま
でのストーリーを知りたい、住むことについて、どんな世界観を持ってい
るのかが見えてくるのが面白い

時代の流れやトレンド ➡ 世界の流れに身を置いている感覚が好き、いろ
いろな世界とつながる感覚、その人の世界観に触れられる、新しいものに
触れる刺激

・学び続けることで、何を得たいと思っていますか？どんなことを大事
にしていますか？5個以上出してください。

例：

身体や健康 ➡ 長生きしたい、足腰が健康でいたい、健康な時の心身のや
すらぎが好き、過去大病だったから二度とあんな思いをしたくない

＜手順3：内発的動機かどうかを確認する＞

以下の問いを自分に問いかけながら、内発的動機に近いものを明確にして
いきます。

・経済的な報酬（給料、お金、地位、資産など）や他者からの評価（称賛、
　承認、名声、恥じらい、責任感）がなかったとしても、その内発的動
　機に価値を感じられますか？
・たとえ、その行為が望ましい結果につながらなかったとしても、その
　行為に満足感を持てますか？

書き出した内容の中で、大切なのは、あなたにとってのワクワク、楽しさ、
充実度が高い状態かどうかということです。手順2までで洗い出した自分
の意図や楽しさの中に共通して出てくる言葉をまとめて、3〜5個の言葉
に絞り込みます。

step2 で紹介したYさんの事例で説明しておきます。

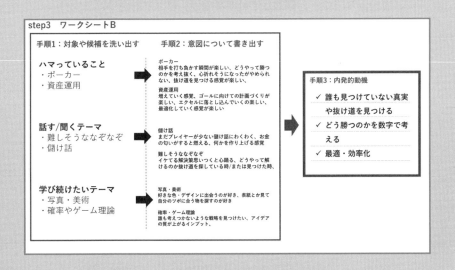

Yさんの内発的動機を整理すると、以下のようになりました。

▼内発的動機
・誰も見つけていない真実や抜け道を見つける
・どうやって勝つのかを数字で考える
・効率・最適化

ポーカーや資産運用、儲け話をしているときの動機や目的から、「抜け道を見つけること」「どう勝つのかという目的がセットされる」、儲け話や資産形成をしているときの「効率・最適化」という動機づけが見えてきました。

ここまで進めたら、「才能の候補群」と「内発的動機」が明らかになってきています。この2つをワークシートCに記入し、合致する行動群を紐づけていきます。

▼才能の候補群
　・他チームの結果や成功のポイントを一人で分析する
　・チームリーダーと議論して戦略を練り、勝ち筋を見つける
　・戦略に則った行動を率先する
　・チームメンバーと結果につなげるための議論をする

才能の候補群と内発的動機を照らし合わせていった時に、「チームリーダーと議論して戦略を練り勝ち筋を見つける」という才能の候補と、「誰も見つけていない真実や抜け道を見つける」という内発的動機は、同じ意味合いで使っているため、両方で合致していると捉えることができます。
他にも、「他チームの結果や成功のポイントを一人で分析」という才能の候補と、ポーカーの数値分析、ゲーム理論や確率の勉強、儲け話など数値化して戦略や勝ち筋を見つけていく過程が好き、といった「どうやって勝

つのかを数字で考える」という点は合致しているといえるでしょう。

合致できる点が見つかれば、それがあなたの純度の高い才能になりえます。言語化にあたり、言葉を整えて、Ｙさんの場合、「勝ち筋の発見」「数値分析」という２つの才能名に落ち着きました。本来は、ワークシートＡを使って、エピソードを複数ピックアップし、才能の候補群をできるだけ出していくことで、より内発的動機と紐づく才能の候補は見つかりやすくなります。

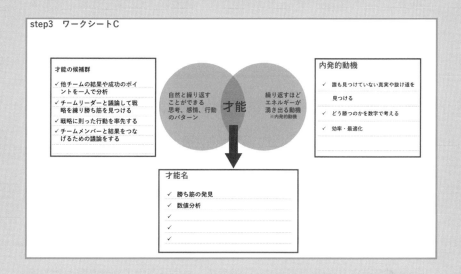

まとめると、上図のようになります。Ｙさんの内発的動機が伴う行動は「勝ち筋の発見」と「数値分析」でした。この２つが、Ｙさんにとって、**自然と起こすことができる行動**であり、その行動をとっていると**エネルギーがどんどん湧いてくるような感覚**が出てくるものです。Ｙさんは実際、趣味でポーカーといった戦略性の伴うゲームにドハマリしていたり、ポーカーでの勝利のために、どんな戦略を取ればいいのかと、毎試合のデータをとって、一人分析しながら、次の戦略に役立てていたそうです。他にも資産形成のための投資に傾倒していた時期もあり、ポーカーと同じように戦略を考え抜き、行動することが自然におこなわれていました。

Ｙさんにとって、そもそも資産形成には、「資産を作るため」という目的もありました。しかし、「そんな目的も忘れて、勝ち筋を作っていくこと自体が、もはや目的なんじゃないかと思えるくらいハマってました」と言うほど、手段が目的化してしまうような楽しさ、没入感だったそうです。これがまさに純度の高い才能として使えている状態なのです。

例を参考に、ワークシートを使いながら、才能の言語化に、是非、チャレンジしていただければと思います。

応用編「才能発見を妨げるノイズ」のフィルタリング

才能にたどり着くための3つのstepを通すことで、本書の定義する才能には近づいてきていると思います。しかし、更に純度の高い才能にたどり着く上では、才能と誤認識しやすい2つのノイズをしっかり除外（フィルタリング）しておくことも必要になります。

このノイズを除外することで、才能をより精緻に見極めていくことができます。自分だけでおこなうのは難易度が高いかもしれませんが、考え方として知っておいてください。

■才能発見を妨げるノイズ1：「社会的価値観・ルール・慣習」のトラップ

あなたが1日の生活の中でとっているありとあらゆる行動や思考の中には、親からのしつけや会社のルール、地域・社会における文化や慣習といった「社会的価値観」に従って起こしていることが数多くあります。例えば、厳しい父親で「けじめだけはしっかりつけろよ」と言われてきたので、責任を持って行動するとか、「人には優しくすべきだ」と教えられてきたので、率先してサポートするなどです。この「社会的価値観・ルール・慣習」に従って起こしている行動は、自分が当たり前におこなっていることや、得意なことであっても、才能とは呼べないものが混ざっています。

■才能発見を妨げるノイズ2：「学習された行動」のトラップ

「学習された行動」【Learned Behavior】とは、あなたが人生で繰り返し繰り返し学習していく中で、身に付けてきた技術や知識のことです。例えば、「2×2は？」と聞かれれば、自然と「4」と答えることができるはずですし、「794年？」と問われれば、「鳴くようぐいす平安京」と言えるのも、自然と出てくる行為でしょう。では、「九九を言えることは才能なのか？」

というと、違いますね。これは、あくまであなたが自然と繰り返してきたからこそできる行動なので、才能とは呼びません。ただ、この「学習された行動」は、才能を見つける上で、とても扱いが難しいものです。

例えば、「門限を守る」「年上には敬語で話す」などは、子どもの頃から親に何度も何度も耳にタコができるくらい、繰り返ししつけられてきたからこそできた「社会的価値観」であったり、何度もやってきたから、当たり前に振る舞えるようになった「学習された行動」であったりします。これを、「才能」と捉えてしまうとミスリードになる可能性があるのです。

実際にコーチングを受けてもらったＺさんの例です。
一人カラオケに行って何時間も過ごしてしまうくらい、歌うことが趣味のＺさん。Ｚさんは結婚式や仲間との付き合いの中で、自分の歌を聴いてもらい、人がうっとりと聞き入っている様子を見るのが、何よりも気持ちよく大好きでした。一人でも行ってしまうくらいなので、この「歌で表現する」という行為はＺさんの内発的動機でもあります。診断ツール（ストレングス・ファインダー®）を受けてもらったところ、Ｚさんには「調和性」という資質がありました。調和性は、自分の意見を押し通すよりも、全体が同意・合意するためであれば、自分の意見を押し殺したり、潤滑油のように調整役になることができるという特徴を持つ資質です。

Ｚさんは、幼少期からお母さんに、「不言実行というのが大事なのよ。言わずしておこなうことが美徳なのよ」と言われて育ったそうです。有言実行は言ったことをやりきる、実現する行為を指しますが、不言実行とは、言わずとも実行することを意味します。「言わずとも慎ましくやりきる」という美学を教え込まれてきたＺさんにとっては、仕事やチームで動く際にはあまり主張せず、表現せず、黙々と実行することが際立っていました。つまり、自然と繰り返される行動の一つだといえます。Ｚさん自身、「不

言実行は自分にとって大事な価値観の一つです」と仰っていました。

しかし、Ｚさんには、カラオケ好きに象徴される「表現して魅了する」という才能もあり、この「不言実行」の考え方とは相反する部分もあります。はたして、どちらが才能といえるのでしょうか？

ここで重要になってくるのが、カラオケの話をしている時のＺさんと不言実行の話をしている時のＺさんの表情の違いです。カラオケの話をしている時のＺさんは、笑顔で、身振り手振りも入り、「この人、歌うのが本当に好きなんだな」とすぐにわかるくらいの仕草となって現れていました。それに比べ、不言実行は大事な価値観だと語る時のＺさんは、一定のトーンで、表情もほぼ変わらないまま淡々と話していたのです。カラオケの話では内発的動機が明らかに出ていて、不言実行の話には内発的動機らしさは感じられませんでした。

- 不言実行で慎ましく実行する ➡ 親に教えられた大事な価値観＝「社会的価値観」となり、繰り返しおこなってきた「学習された行動」
- 表現して魅了する ➡「内発的動機が伴う才能」

このように、「社会的価値観」や「学習された行動」は、一見、自然に繰り返される行動に見えるため、自分の才能だと誤認識しやすい性質を持ちます。

「たしかに当たり前にできる行動だけど、なんか、内発的動機が出ている気がしないな」「社会人としてやるべきという感覚がある」「当然、できなきゃまずいでしょ」というようなサインが見える行動は、才能発見を妨げるノイズとして、フィルタリングしておきましょう。

楽しさという内発的動機が、才能を圧倒的に使いこなすための究極エンジン

▼1章のエッセンス

・才能は特別な人だけにあるものではなく、誰もが持っている。
・才能を見つけるためには、内発的動機を見つけていく必要がある。
・才能を見つけただけでは何も変わらない。才能の使い方を学ぼう。
・社会的価値観や学習された行動をフィルタリングしていくことで、自分の才能はより鮮明に見えてくる。

▼実践サポート自問リスト

・あなたの自然にできている行動の中で、内発的動機が伴うものは見つけられましたか?
・他者はあなたの能力が高いものを才能と思うことがあります。他人から褒められることの中でも、そこに自分の内発的動機があるのか?と問いかけてみましょう。
・普段の行動の中で、長年続けてきたから自然にできるだけのものはありませんか?内発的動機が伴わなくなっているものはありませんか?自分の行動を振り返ってみましょう。

2章　診断ツールは分析しないと意味がない

資質・才能・強みの違い

この章では診断ツールの正しい使い方についてお伝えします。様々な診断ツールでは、「資質」「才能」「強み」など、いろいろな表現が使われています。まずは、才能における「資質・才能・強み」の違いについて、食材の例で深めていきましょう。

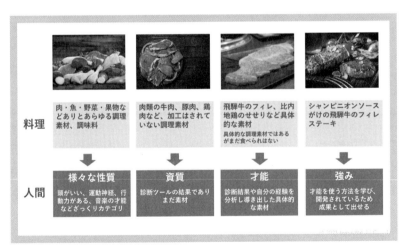

人間が持つ様々な性質＝様々な食材のカテゴリー

食材は、肉・魚・野菜・果物というように様々なカテゴリーに分けることができます。これは人間の**「性質」**に置き換えると、「思考力がある」「行動力がある」「運動神経がいい」「音楽のセンスがある」など、ざっくりと

人間の特性を表すカテゴリーの指摘をしているのと一緒です。レストランに行って「この料理は肉ですね！」という感想は、少し言葉足らずというか、かなりざっくりしていますよね。

資質＝肉類の中でも牛肉

食材の中の肉類というカテゴリーの中にも、豚肉・牛肉・鶏肉、ジビエ肉など様々な種類があります。穀物というカテゴリーにも、玄米・白米・餅米などの種類があります。人間の性質における様々なカテゴリーの中で、それぞれの種類として分類されている要素が「**資質**」と呼ばれるものです。診断ツールでアウトプットされる結果は、この「資質」を教えてくれるだけなのです。この人気のレストランは「牛肉を扱うのが特徴です」と、ガイドブックに記載されているようなイメージです。これでは、まだあくまで料理を完成させるために必要な素材の説明でしかありません。

才能＝飛騨牛のフィレ部分

牛肉と一口にいっても、松阪牛・石垣牛・飛騨牛など、産地や特性によって分類できます。パイナップルであれば、フィリピン産・台湾産・インドネシア産など、こちらも産地によって違いがあります。飛騨牛の部位の中でもフィレを食材として選ぶことができれば、人間に置き換えると、「**才能（になり得るもの）**」になります。「ほっぺたが落ちてしまうような極上の飛騨牛のフィレ」が常に仕入れられるなら、それはそのレストランの才能になり得ます。

強み＝シャンピニオンソースがけの飛騨牛のステーキ

飛騨牛のフィレという「才能」まで特定できても、それはまだ「**強み**」で

はありません。飛騨牛のフィレを生肉のまま食べようとすれば、お腹を壊すかもしれません。ステーキにするのか、しゃぶしゃぶにするのか、ハンバーグにするのかでも味わいが変化します。「レシピ」として、調理をしていくことで初めて、飛騨牛のフィレという極上の食材が美味しい料理へと昇華されるのです。人間の「強み」とは、この料理の過程と一緒で、自分の才能を開発し、活かし方を学び、使いこなすことで、やっと「強み」として発揮されます。

私がこれまで接してきた中で90％以上の人たちは、診断ツールを受けても、「資質」をなんとなく知って満足し、ほぼそれで終わりという状態になっています。これではほとんど意味がありません。

例えば、自分の資質が「牛肉」だということがわかっても、それが飛騨牛なのか、オージービーフなのかで味付けの仕方は変わります。更には、同じ飛騨牛でも赤身を使うのか、霜降りたっぷりの部位を使うのかで調理の仕方が変わります。

どんなに良い特性のある松坂牛を持っていたとしても、それを腐らせてしまっては何の意味もありませんし、調理や加工の仕方が間違ってしまえば、せっかくの松坂牛がまずい料理になってしまうこともあります。逆に、スーパーで売っている海外産のリーズナブルな牛肉であったとしても、工夫次第・調理次第で、美味しいメニューに仕上げることもできるのです。

このように、「資質」や「才能」という素材や特性を見つけただけでは、まだ、それが「強み」という美味しい料理にできるかどうかはわかりません。そんな状態にも関わらず、「自分には才能がないのではないか？」「この資質は自分には当てはまらない」「この才能は使えない」と、料理する前から自分の持つ素材を否定したり、自信をなくしたり、という状態を作り出している人がほとんどです。そうして、「別の才能を見つけたい」と新たな素材を求めて、新しい診断ツールに手を出しては、また素材を否定し続け

て、永遠に終わらない自分探しのループにはまる、それが多くの人に起こっている現実なのです。

診断ツールに書かれている内容は単なる素材

それぞれの診断ツールで、「何を診断するのか」という目的は異なりますし、診断ツールを作った会社や団体によって、ニュアンスもそれぞれ異なります。

性格や気質を診断するツールとしては、16 Personalities、エニアグラム、VIA-IS など。
強みや才能を診断するツールとしては、ストレングス・ファインダー ®、VIA-IS など。
関係構築やコミュニケーションスタイルの診断ツールとしては、DiSC、ソーシャルスタイル診断など。
キャリアにおける価値観や欲求を診断するツールとしては、キャリア・アンカーなど。

このように、診断ツールによって、意図や定義もそれぞれ異なるため、複数の診断をしていけばいくほど、混乱してしまうことも起こります。

ここで、いくつかの診断ツールをピックアップして、それぞれの分類パターンを紹介しておきます。

【ストレングス・ファインダー ®（現クリフトンストレングス ®）】
ストレングス・ファインダー ® は、アメリカのギャラップ社の開発したオンライン「才能診断」ツールです。Web サイト上で 177 個の質問に答

えることで、自分の才能（＝強みの元）が導き出されます。5000以上ある才能を34の似たような才能の集まり＝資質として分類し、優先度の高い思考、感情、行動のパターンの上位5つを診断結果として算出します。34の資質の分類がこちらの表です。上位5つに出てくる資質には、先天的なものと後天的なものの両方が混在しています。

VIA-IS は、性格の強みを調べるツールとして、ポジティブ心理学の第一人者であるクリストファー・ピーターソン博士とマーティン・セリグマン博士が中心になり、ギャロップ社とも協力して開発されました。アメリカの VIA 研究所が提供するこの診断ツールは、世界 190 か国、500 万人以上の人々に使用され、科学的に信頼できる心理テストとして信頼性や妥当性も検証されています。VIA-IS における強みは全部で24種類に分類され、そのうちトップ5の強みが、「自分を特徴づける強み（Signature Strength）」と定義されています。ストレングス・ファインダー ® は自然と繰り返される行動に現れる強みの特定に主眼をおいているのに対し、VIA-IS は、性格や気質に根ざした強みを特定してくれるツールです。

WISDOM 知恵	COURAGE 勇気	HUMANITY 人情
・創造性 ・好奇心 ・知的 ・柔軟性 ・向学心 ・大局観	・勇敢さ ・忍耐力 ・誠実さ ・熱意	・愛情 ・親切心 ・社会的知性

JUSTICE 正義	TEMPERANCE 節制	TRANSCENDENCE 超越性
・チームワーク ・公平さ ・リーダーシップ	・寛容さ ・慎み深さ ・思慮深さ ・自律心	・審美眼 ・感謝 ・希望 ・ユーモア ・スピリチュアリティ

【星座占い】

西洋で古くからおこなわれてきた占星術を簡単にしたもので、誕生時に太陽が十二宮のどの宮に位置していたかを元に、その人物の性格や運命、相性などを占うものです。

星座	資質・性格・強み・長所・才能	星座	資質・性格・強み・長所・才能
おひつじ座	活動的／競争心が強く、負けず嫌い。勝つまで諦めない。判断力がすぐれていてリーダーシップを取れる。	てんびん座	調和／バランス感覚に優れ、調和を大切にする。平和主義者で人当たりも良いため、周りには常に人が絶えない。
おうし座	安定・温和／我慢強く決めた目標に向かって地道に努力していける。堅実で安定した仕事ぶりで周囲の信頼は厚い。	さそり座	執着、探求／印象は一見控えめだが、裏には激しい感情を持つ。洞察力が鋭く、物事の本質を揺らせる力を持っていて、自己の欲望に正直。
ふたご座	多彩多芸／頭の回転が速く、何事も器用にこなす。コミュニケーション能力もあり社交性に富んでいる。	いて座	自由、大胆、天真爛漫／頭の回転が速い。常に何か楽しいことを求めていて、興味があることを見つけるとそれに熱中する。
かに座	保護／我が強い一方で周りの影響を受けやすい。基本的には頭よりも本能で考えているので、感受性が強く、鋭い直感力を持っている。	やぎ座	忍耐・努力／責任感が強く厳格。他の人が敬遠するような仕事でも着実に積み上げ、目標達成や地位を確立するなど、野心を叶えるための、努力や忍耐ができる。
しし座	魅力／生まれながらにして、リーダーの気品と風格を備えている。優しく、正義感も強い。人の目を気にする一面もある。	みずがめ座	想像力、親切／個性的で評判がよい。自分なりの価値観を持っているため、変わり者といわれる。知的ではあるがどこか天然ぽい雰囲気を持っていることが多く、協調性には欠けても人からは好かれやすい。
おとめ座	実用的、奉仕／堅実で、几帳面。頭脳も明晰で現実的な考え方をする常識人。人に対して好き嫌いが激しい。	うお座	感情／優しくロマンチスト。感情の起伏が激しく、構ってほしがるそぶりをよく見せる。芸術的な才能に恵まれているため、その道で大成する人も少なくない。

【個性心理學 ®】

「個性心理學 ®」は、1997 年、個性心理學研究所 ® 所長・弦本將裕氏が、人間の個性を 12 匹の動物キャラクターに当てはめ、更にそこから 60 のキャラクターに細分化させることで、誰にでもわかるイメージ心理学として体系化した学問です。

動物	説明	動物	説明
狼（おおかみ）	一人だけの時間が好き。ペースを乱されるのを嫌う。	虎（とら）	自由、平等、博愛主義。悠然とした雰囲気。
小鹿（こじか）	好奇心旺盛。緊張が長く続くことが難しい。	狸（たぬき）	何事も経験と実績を重んじる。根拠のない自信がある。
猿（さる）	細かいこと、小さいことに気付く。乗せられると弱い。	子守熊（こあら）	一見おとなしい。ボーッとしている時間がなければがんばれない。
チーター	成功願望が強い。瞬発力はあるが、長続きが難しい。	象（ぞう）	常に何かに打ち込んでいたい。さりげなく努力をしているポーズを見せる。
黒豹（くろひょう）	メンツやプライド、立場にこだわる。新しいものが好き。	羊（ひつじ）	寂しがり屋で、一人ぼっちが嫌い。客観的に物事を判断できる。
ライオン	徹底的にこだわる。その道の先生を目指す。	ペガサス	気分屋、天気屋、それを隠そうとしない。乗っているときと、そうでない時の落差が激しい。

こういった様々なツールを使えば、ある程度、あなたの「性格」「資質」「才能」に当たりをつけることはできますが、診断を分析し、もっと自分を深く認識しながら、掘り下げていかなければ、あなたが持つ純粋な「才能」にたどり着くことはできません。

例えば、ストレングス・ファインダー®では、「実行力」がトップ10の資質の中に一つも入っていない人でも、個性心理学では「実行能力」が一番高いという結果が出ることもあります。こういったことがあった時、あなたはどう思いますか？「ほら、やっぱり、診断ツールなんか、あてにならない」と思いますか。実は、これは素材として考えれば、どちらもあっているのです。同じ「実行力」という言葉を使っていても、診断ツールによって、指し示していることは違うのです。また、人によって、「実行力」が発揮される対象や場面も違います。診断ツールで出た自分の素材は、あくまでただの入り口で、その素材をどのように分析していくかが鍵になるのです。

実際、私自身がトレーニングプログラムで使うのは、ストレングス・ファインダー®が最も多いです。星座情報や出生情報を使うような診断ツールはほぼ使用しません。今回は紹介しませんでしたが、他者との関係構築

における特性・スタンスを診断してくれる DiSC®、9つの知性領域に分類し、得意・不得意を教えてくれる MI 理論診断などもありますので、興味のある方は探してみてください。

診断ツールは分析に 90%の価値がある

いろいろな診断ツールや占いの情報を見て、「たしかに自分に当てはまっている！」と思うこと、「全く自分には当てはまらない！」と思うことがそれぞれあると思います。こういった診断ツールの「言い当てられてる！」「全くその通りだ！」など、客観的に自分を知る、ということは大なり小なり、好奇心がくすぐられ、楽しさがありますよね。私も大好きです。

しかし、「当たっている、当たっていない」ということは大きな問題ではないのです。診断ツールや占いは、その結果に納得したり、否定したりして終わっていては、ほとんど意味はありません。その結果を分析し、自分の解釈をブラッシュアップし、どのような行動／変化につなげていくのか、に 90% 以上の価値があるのです。
結果に対して、しっかりと分析をしていかなければ、行動につなげることができませんし、更なるパフォーマンス向上や自身の行動変容などの恩恵を受けることもないのです。「自分の星座のこの性質が嫌で仕方がない」「私には、こういう資質・才能がないから、この仕事には向かない」など、むしろ「自分の資質を嫌なもの」とさえ思ってしまう人もいるくらいです。

では、分析するとは、具体的に、どうすればいいのでしょう？
例えば、星座は牡羊座で、ストレングス・ファインダー ® では、「人間関係構築力（適応性や調和性）」が高い資質として出てきた人の場合。

牡羊座の特性には「負けず嫌い」と書いてあります。では、それが「当てはまる」のはどんな時なのか、「当てはまらない」のはどんな時なのかを考えてみます。もちろん、「常に当てはまらない」ということもあるかもしれません。それは、そういう場面をイメージすることができないだけという可能性もありますし、ストレングス・ファインダー®での「適応性や調和性」という資質のほうにばかりフォーカスして見ているから、気付けないという可能性もあります。もし、自分が「負けず嫌いな性格だとしたら」という仮定で、普段の行動を振り返ってみると、人に対しては負けず嫌いではないが、ゲームのコンピューター相手には負けず嫌いな性格が出るとか、実は「過去の自分には負けたくない」と思っているということが見えてくるかもしれません。

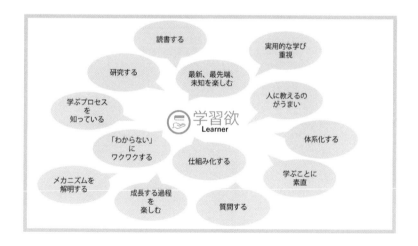

例えば、「学習欲が高い」「好奇心が旺盛」という言葉が診断ツールにあった場合。その時に、「勉強は嫌いだけどな……」と思う人もいると思います。でも、「読書するのは好き」だとすれば、それが「学ぶ意欲が高い」「好奇心が旺盛」という言葉としてまとめられていることもあるのです。もしくは、「好奇心がそんなにあるわけではないが、宇宙の話にはワクワクする

から、その手の情報はよくサーチしている」のであれば、こちらも「学習欲が高い」という言葉で表現されていることもあります。

当てはまる場合は、「対象」や「状況」を詳しく思い出していき、当てはまらない場合も同様に考えていくことで、自分というものが少しずつ見えてくるはずです。このようなスタンスが、診断結果の意味を分析するという行為です。そうすれば、診断や占いを、自分の才能をよりよく知るための第一歩にできるでしょう。

診断ツールを使ったあとに、陥りやすい４つの罠

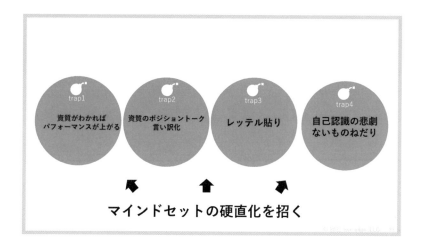

診断ツールや占いを通して、「自分の才能や強みを見つけた、わかった、やっぱりそうだった！」「あの人はこういうタイプだ。やっぱり彼にはこんな才能があるんだ、よくわかる！」と安易に考えてしまうと陥りやすい罠が４つあります。

１.「才能や強み、資質さえわかれば、パフォーマンスが上がるという思い込み」

あくまで診断ツールで書かれているものは考えるための素材であり、ある程度妥当な結果を教えてくれているだけに過ぎません。「言うは易し行うは難し」ということわざのように、診断ツールの結果を言葉では理解したとしても、実際に才能を使っていく（行動する）のは難しいことです。その才能を自分の過去の体験や現在の行動と紐づけて、自分なりの解釈に落とし込み、行動につなげる、行動を変化させるということまで意識的にお

こなえるようにならないとパフォーマンスは上がりません。

2．「才能でポジショントーク＝言い訳化」

診断でわかった自分の才能・強みを活かすために、「私はそういう才能が
ないから、できません」と言い訳にしてしまうケースがよく起こります。
自分の得意／不得意を選んでいくことは大事なことですが、選り好みのた
めだけに診断ツールを使うと、自分の持つ可能性が限定され、自分の才能
の過小評価につながってしまいます。例えるなら、<u>才能を操る側ではなく、
才能に操られる側＝才能の奴隷になってしまっているような状態</u>です。診
断ツールでわかった内容（資質・強み・才能）で自分を限定するのではな
く、多様な選択肢や新たな可能性につなげていくという捉え方が大切です。

3．「レッテル貼り」

「あの人はこういう才能だから、これをやってもらおう」「●●さんって、
やっぱりあの診断の結果通りだよね」「あの人は常に1位を目指したいタ
イプの人だから、共感性がないんだよね」というような、他者の診断ツー
ルの結果を聞いて、相手の特性や得意／不得意を決めつけてしまうパター
ンにも気を付ける必要があります。診断ツールは人の特性を表してはくれ
ますが、人の全てを表しているわけではありません。診断ツール云々の前
に、他者の特性、背景、想い、動機を聞き、お互いの理解を深めるという
スタンスが前提でなければ、診断ツールの結果に振り回されてしまうだけ
です。診断ツールは相互の理解を手助けしてくれるツールであると同時に、
偏見や思い込みを作りやすい側面もあるということを頭の片隅に置いてお
いてください。

4．「ないものねだり」

そもそも、診断ツールで明らかになる特性や才能に優劣はありません。た
しかに、背が高いかどうか、歌う力があるかどうかなど、「この仕事には

絶対にこの才能が必要だ」ということは、スポーツの世界や特定の専門技術が求められる世界には一部あるかもしれません。しかし、才能や強みというものは、環境や条件に合わせて、開発し、変化させていけるものなので、使い方次第でいかようにもなるのです。その可能性に目を向けず、「あの人はこの才能があるから有利だ、私にはあの才能がないから無理だ。あー、あんな才能が私にもあったなら……」というように間違った認識をしてしまい、ないものねだりをしてしまうパターンも頻繁に起こります。

「自分は、あの人のような才能を持っていない」というスタンスではなく、<u>「自分の持っている才能の活かし方がまだわからない、まだ使えていない」</u>「自分の才能の活かし方を学ぼう」「あの人の才能と一緒にどんなことができるだろう？」</u>という認識に変えていくことで、ないものねだりをする必要はなくなっていきます。このないものねだりのリスクや対処法については、３章の「９割の人が勘違いしている弱みの真実」で詳しく解説します。

現状の自分を確認するため➡未来の新たな自分の模索

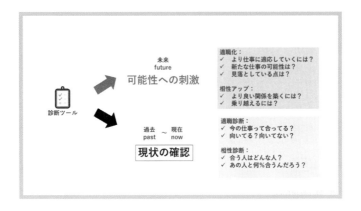

私が診断ツールで出た結果分析の際に、特にオススメしたいのは、「**未来の可能性に目を向けた結果の分析**」です。

私がこれまで見てきた1000人を超える人達の多くは、「現状の確認」として、診断ツールを使っているケースがほとんどです。そして、「やっぱり、私はこの仕事が向いている」「こういう役割を長く続けてこられたのは、こういう資質があったからだ」「いつもこのパターンにハマるのは、この資質が原因だ」といった感想で終わってしまいがちなのです。

また、現状の自分をベースにして、「今の仕事は合っているのか？」「自分と相性が良い人ってどんな人だろう？」「この仕事、向いてますか？」「マネージャーに必須の才能ってどれですかね？」など、私が訊かれる質問の大半がこのパターンです。こういった方たちは、過去〜現在までに積み上げてきた自分なりの価値観や考え、方法に対する正誤を求めていて、現状の自分を知るためだけに関心が向いています。ですので、「この診断結果は、当たっているかどうか？」にのみ着目しがちなのです。

過去〜現在の現状の自分を確認することにのみ診断ツールを使ってしまうと、「自分は○○な人間だ、これからもずっとこうあり続けよう」という強烈な思い込みが生まれてしまいます。それは、新たなチャレンジの可能性や、今までほとんど見ることがなかった新しい自分の一面を発揮するチャンスを狭めてしまうことにもつながっています。

適職を知るため、相性の良い人を知るため、といった現状の自分の確認に診断ツールを使うことがダメだと言っているわけではありません。ただ、「未来の可能性への刺激」にも目を向けて、結果の分析をおこなっていただきたいのです。

自分の情報だけに注目 ➡ 他者の持つ情報にも注目

これは意識的に実践しないと、なかなか難しいことではありますが、知っておいてほしいことです。

例えば、学校の遠足でクラス写真を撮った時に、写真を見て探すのはまず自分だと思います。診断ツールでも気になるのは、当たり前ですが、自分の持っている資質についてです。これは人間皆そうです。誰もが自分に関連する情報に注目したくなるものです。

例えば、ストレングス・ファインダー ® では、34 個の資質から自分が持つ特徴的なトップ 5 の資質を教えてくれます。そのトップ 5 の解説はしっかり読み込みますが、それ以外の残り 29 の資質については、「自分には関係ない」と判断して、詳しく知ろうとしない方がほとんどです。

また、診断ツールで明らかになるのは、「自分が自然と選択してしまう行動や思考、感情のパターン」です。つまり、自分にとって無意識におこなっている当たり前なことが書かれているので、「これがあなたの才能で

す」と言われても、「それを才能と言われましても…皆できることでしょ？」と思ってしまいがちです。

4章の「才能を活かすための自己認識という鍵」でも詳しくお伝えしますが、**あなたの当たり前は、他人にとっての当たり前ではありません。**一般常識や社会的通念、慣習、ルールとしての共通の当たり前は当然ありますが、資質や才能という意味での自分の当たり前は、一人ひとり全く違う異なる形になっています。逆に、あなたが当たり前だと思っていることは、全く違う資質を持つ人からすれば、「異常」「全く意味がわからない」と思われてしまうこともありえるのです。

以下を試してみてください。
- **「全く理解や共感できないと思う資質やテーマ」を探し、理解を深める。**
- **「自分の持つ資質やテーマと正反対なもの」を探し、理解を深める。**
- 同僚・パートナー・上司に、自分にはないが**「彼らが持っている資質やテーマ」**について話を聞いてみる。

上のポイントを手がかりに、他者の持つ情報にも着目してみてください。解説ではなくリアルなエピソードを聞くことで、彼らの持つ資質のイメージがより湧きやすくなります。

他者の情報を知れば知るほど、それらの比較や吟味を通して、俯瞰的な視点を持つことができ、自分の情報をより深く理解することができます。

当てはまるところだけを探す ➡ 当てはまらない箇所を検証する

前述しましたが、診断ツールの結果を読み込む中で、多くの人は、認識している自分と当てはまるところだけを探しがちになります。この「当てはまるところだけを探そう」という考えが行き過ぎると、陥るリスクが2つあります。

・自分の新たな可能性（盲点の窓）を見落とす
・現在の認知している自分（開放の窓）に凝り固まる

2つのリスクを説明するにあたり、まずは「ジョハリの窓」という考え方についてご紹介させてください。

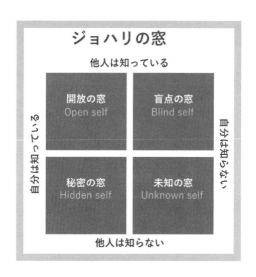

「ジョハリの窓」とは、対人関係の理解や自己理解を深めるためのツールとして開発された考え方です。自分について、「あなた自身が認知してい

ること」「他人・第三者が認知していること」の２軸で考え、４つの窓に分類したものです。

診断ツールの多くは、膨大な統計データ、インタビュー情報などを基にしっかり分析されています。つまり、診断ツールで出てくる結果は、客観的に第三者が教えてくれている情報ということになります。

簡単に解説をしておくと、以下のような考え方です。

開放の窓：自分が認知していて、他人も認知していること。
全員に自明なあなたの特性。この開放の窓をいかに広げていけるかどうかが重要。
盲点の窓：自分が認知しておらず、他人は認知できていること。
把握していない自分の特性。この盲点の窓を小さくしていけるかどうかが鍵。
秘密の窓：自分は認知しているが、他人は認知していない。
あまり表には出さない特性や認知しづらい微細な特性。
未知の窓：自分も他人も認知していない。
未知の可能性として新たにチャレンジし、開発することができる特性。

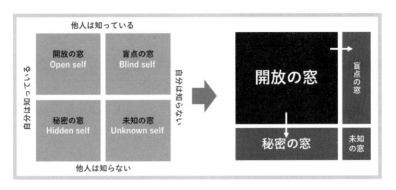

診断ツールを使って目指すべきは、上図のように「開放の窓」がどんどん広がっていく状態です。

リスク１：盲点の窓（＝自分の新たな可能性）を見落とす

今の自分が認識している自分だけを診断ツールで探すのは非常にもったいない方法です。本来、診断ツールが示唆してくれていることには、「あなたが認識していない新たな可能性」が眠っている可能性が高いのです。その新たな可能性は「盲点の窓」に眠っています。自分が認識していなかった新しい才能が見えてきたり、今持つ資質の新たな可能性が見えたりすることもあります。「開放の窓」をどんどん広げていくことで、パフォーマンスも上がり、自分の可能性は高まり、誤解やすれ違いで関係性をおろそかにするようなことも減ります。

リスク２：開放の窓（＝現在の認知している自分）に凝り固まる

診断ツールの結果には、あなたの持っている資質の知られざる特徴や使い方が書かれていることもあります。診断ツールの当てまる箇所だけを探すと、現在の認知している自分像、つまり現在の「開放の窓」にのみ着目することになります。目指すのは「開放の窓」がどんどん広がる状態であるにも関わらず、すでに知っている自分との答え合わせのためだけに使ってしまうリスクがあるのです。

【当てはまらない箇所を検証する】

診断ツールの結果や解説を読み、「違和感を感じる」「当てはまらないと思う」箇所をピックアップしてみましょう。「もし、それが当てはまっているとしたら…」という視点で、自分の記憶の中からエピソードを探してみる、または同僚やパートナーに、「個人的には当てはまらないと思ってるんだけど、●●さんから見て、当てはまってるふうに思える？」などと訊きながら、自分の「開放の窓」を広げていってください。

素材を分析して「自分ごと化」する

ここまで、分析の仕方の視点をお伝えしてきましたが、最も大事なポイントは、診断ツールによって明らかになる素材を、自分自身で解釈し分析し、「自分ごと化」していくことです。現代において診断ツールは散乱しています。どのツールを自分の武器にしたいかは、皆さんの目的に合わせて使い分けてください。ただし、どんなツールを使うにせよ、自分の経験と統合し、詳細な分析をして、「自分ごと化」しなければ、活かすことはできないということを、常に意識しておいてください。

才能を知っただけでは、
何の意味もない

▼2章のエッセンス

・才能＝強みではない。資質・特徴・性格・才能を上手に使いこなしてこそ強みになる。
・診断ツールの結果をしっかり分析しないと、レッテル貼りやないものねだりに陥りやすいという落とし穴がある。
・診断ツールは、結果を元に自分ごと化して初めて自分の行動に影響を与え始める。
・診断ツールで出てきた資質や才能を、「できない・やらない言い訳」に使っていると、「才能の奴隷」になってしまう。

▼実践サポート自問リスト

・診断ツールの結果に対して、「ふむふむ、そうだな…」とか「当てはまらないよ」などと、言葉の表面だけで片付けて終わりにしていませんか？
・「ストレングス・ファインダーでは、私の強みは〇〇と出ました」など、その強みを自分流に認識し直さずに、単純に周囲に伝えてしまってはいませんか？

3章　9割の人が勘違いしている弱みの真実

弱みとは？

「才能」と「強み」についての話をここまでしてきました。才能を使いこなすことができれば、モチベーションは高まり、やりがいも感じやすくなり、パフォーマンスも上がり、自信を持つこともでき、自分の強みとして発揮できるようになる、まさにいいことだらけのように思えます。

この章では、「強み」の反対の「弱み」ということについても考えていきましょう。一般的には、「弱み」とは「欠如・不足しているもの」という捉え方をされることが多いです。

例えば、
- 「自分の意思を明確に持ち、主張する力」が高い人は、「他者への共感する力」や「話を聞く力」の欠如しがちなところが課題である。
- 「他者が全てを語らずとも、表情や雰囲気を瞬間に察知する能力」が高い人は、「自分の意見を主張しようとする意志力」の足りなさ、「周りの空気や意見に流される自分軸のなさ」が弱点である。
- 「どうすれば最速、最適にできるのかを瞬時に見抜き、定義できる」人は、「課題となる点にじっくり向き合う、チームの雰囲気を良くしようとする」といった視点見失いがちで、それが弱みである。

このように、多くの人は、自分が持っていない能力や特徴のことを「弱み」だと思い込んでいます。実は、これは大きな間違いです。この「弱み」に

対する認識を、私たちはしっかり考え直していく必要があるのです。

才能の不都合な真実

才能という言葉には、きらびやかで良いイメージがついてまわっています。しかし、自らの才能を自覚し、使いこなしていく上では、才能の不都合な真実についても、真正面から受け止めていくことが重要です。

ある30代の女性、コンサルティングファームで働く重盛さん（仮名）の事例です。
彼女は問題解決のエキスパートで、状況をざっと聞けば、何が課題で、ギャップを埋めるためには何をすればいいかがわかる「問題発見」の才能を持っています。クライアントにとっては、とても頼りになるパートナーで、仕事で大きな成果を残されています。

「重盛さんの弱みだと思っていることって、どんなところですか？」と私が訊くと「人の話をちゃんと聞く共感性が低い」ことです。上司からも、「チーム一人ひとりのコンディションの把握を怠っている」とよく言われます。同僚からも、「大勢の前のプレゼン上手くなったらもっとチームの存在感を伝えられるよ」と言われます。「批判的な側面が強い」「ネガティブな言葉で人を傷つけがち」という弱みに対する認識が返ってきました。

彼女とコーチングのセッションを続けていく中で、「重盛さんの才能は問題発見ですね。更に、その才能の可能性を明らかにしていきましょう」と話を進めていくのですが、「でも、ここが私できないんですよね……」とか「その才能が強みだと、こんな問題も起こりますよね？」など、何を伝えても、重盛さんからは否定的な言葉ばかりが返ってくるのです。

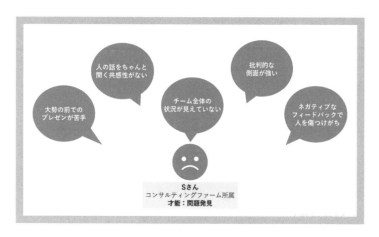

こういうやりとりは、まさに重盛さんが自己認識している「批判的な側面が強い」という一面が現れている瞬間だといえます。実はこれ、重盛さんの「問題発見」という才能によって引き起こされているのです。起こり得る問題や課題ばかりにフォーカスしてしまい、批判的な態度が強く出て、相手の言葉をしっかり受け取ることができていないのです。はたから見ると「批判的な人だな」「人の話をちゃんと聞いて受け取ることができない人だ」と思われがちですが、これは重盛さんの才能が無自覚に使われているからこそ起こっていることです。「そのリアクション、重盛さんは、課題や欠点を見つけるという問題発見の才能を使っていますね」と、私がフィードバックしたところ、重盛さんは、初めてそのことに気付いたそうです。重盛さんは「問題発見」という才能を使って、自分の問題や課題ばかりに着目していくことで、「私はなんて問題だらけの人間なんだ」というネガティブな自分像を作り上げていたのです。

重盛さんの事例のように、**才能は強みにもなると同時に弱みにもなる**、それが才能の不都合な真実です。特に自分の才能に対して無自覚であるほど、自分の才能が弱み化しているということを認識できていないケースが多いのです。

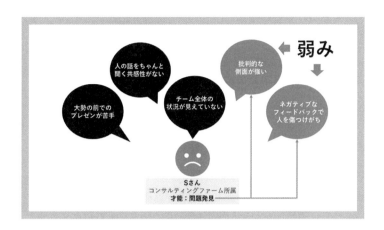

重盛さんの場合、当初５つの弱みだと思っていたもののうち、図のように「批判的な側面が強い」「ネガティブなフィードバックで人を傷つけがち」の２つが、「問題発見」という<u>才能から出ている弱み</u>、ということになります。

残りの３つは、弱みではなく<u>課題</u>です。「大勢の前でのプレゼンが苦手」というのは、重森さんが必ずおこなう必要があるわけではないので、この課題は他者との才能の掛け合わせで補うことができ、重森さん自身が必ずしも克服すべきことではありません。「人の話をちゃんと聞くこと」と「チーム全体の状況を見ること」は、弱みではなく、今後克服すべき課題として検討していく必要があるというふうに分類できます。このように仕事や私生活でのテーマは、自分の才能をしっかり認識しておくことで、弱みか課題か、対処すべきか対処すべきでないか、と取捨選択ができるようになります。

他の様々な才能から出ている弱みについても考えてみましょう。

- 「ギャップを見つけるのが得意」
  - ➡ 「ギャップばかり見つけて自信喪失してしまう、今持っている自分のリソースを見落とてしまう」
- 「他者の感情を察知するのが上手」
  - ➡ 「他者に感情移入し過ぎて疲れる、気を遣い過ぎて本音を伝えられない」
- 「ポジティブな側面を見つけるのが得意」
  - ➡ 「問題を見落としがち、過度にネガティブを避けてしまう」
- 「人を惹きつけるコミュニケーション能力がある」
  - ➡ 「自分のことばかり話して相手の話は聞かない、他人からどう見られるかを優先して、本音を隠しがちになる」

このように、自分が才能だと認識している部分が、実は、弱みとして現れていることがあるのです。

弱みの原因とは「欠落」ではなく、「無自覚」ということです。

弱みは、あなたが何かに欠落しているから、何かの技術や知識が不足しているから、人間として何か教養が足りていないから、起こるのではありません。
弱みとは、あなたがあまりにも持ち過ぎている力、つまり、あなたの才能そのものから現れているのです。

ニベアちゃんの悲劇

皆さんはニベア、使っていますか？

肌をつやつやに保湿してくれるニベアちゃん。私も愛用しています。

このニベアちゃんを題材に、弱みというものについて少し角度を変えて考えてみたいと思います。

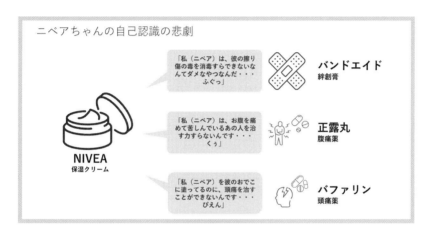

ニベアちゃんが、マキロン君、正露丸さん、バファリンくんに対して、こんなことばかり考えていたら、どうでしょう？

「え？ニベアちゃん、なんでそんな考え方するの？」
「あなたは、皆をツヤツヤにできるんだから、それを大事にしようよ！」
と思いませんか？

マキロン君のように消毒ができないこと、正露丸さんのように腹痛を和らげることができないこと、バファリンくんのように鎮痛、解熱効果を持っていないこと。

これは果たして、ニベアちゃんにとって弱みでしょうか？

弱みを「自分が何らかの特徴や能力が不足・欠落していること」として捉えると、ニベアちゃんの「ないものねだり」している認識は正しいということになります。

では、ニベアちゃんが、消毒＆腹痛緩和＆鎮痛／解熱効果を身に付けることによって、弱みは克服されるのでしょうか？

正露丸のような匂いのするニベアちゃんがあったら……結構、悲劇じゃないですか？（笑）

「ツヤツヤにできる魅力を減らしてでも、頭痛も治せる成分を増やそう」というニベアちゃんのチャレンジって……そもそも、かなりの無理ゲーですよね。

このニベアちゃんの悲劇のように、弱みを「何らかの特徴や能力が不足・欠落していること」として認識してしまうと、せっかくの強みを放置してしまったり、終わりのない「欠けているもの探しゲーム」に陥ってしまうのです。

才能はあなたの弱みにもなる

「才能をうまく活かしている状態」を「強み」だとすると、「弱み」とは「才能をうまく使えていない状態」ということです。

例えば、「他者への共感力が高い＝適応性・共感性」という才能を持っているQさんの場合です。この才能は、表情や空気感から、目の前の人の感情・気持ち・どうしたいかがわかってしまう感覚を持っています。コミュニケーションの場ではとても強力な才能で、Qさんは、他者の言葉の表面上では

なく、その人がどんな意図で、どんな思いで話そうとしているのか、コミュニケーションをとろうとしているのかをつぶさに読み取ることができるのです。

一方でその資質が強く出過ぎてしまった場合、もしくは「適応性・共感性」という自分の持っている才能に無自覚な場合、

- 明らかに悪い状態でも、相手や出来事をストレートに批判する、説得するといった行為がしにくい
- 遠回しな表現をしがちで結局伝わらない
- 伝えたいことがあるのに、相手のことを気にし過ぎて「まいっか」という諦めで何も伝えない。結果、何も解決しておらず、悪化させていくことがある

という状態になります。

この状態は、Qさんの「意志力の弱さや自分軸がない」から起こっているのではありません。Qさんの「他者への共感力があまりにも高過ぎる」ことで起こっていることなのです。

あなたの弱みは、能力の欠落や欠陥、不足が原因で生じるのではありません。自分が持っている力が過剰になった時、つまり才能がうまく使えていない時に出る特徴や状態が、あなたの弱みになるのです。

ニベアちゃんの悲劇②

ここで再び、ニベアちゃんの悲劇について見てみましょう。

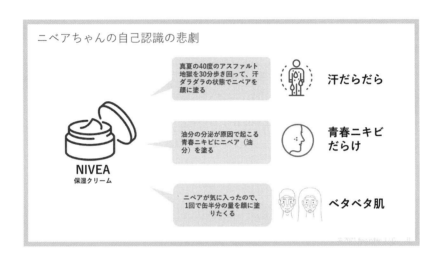

ニベアちゃんの自己認識の悲劇

真夏の40度のアスファルト地獄を30分歩き回って、汗ダラダラの状態でニベアを顔に塗る → 汗だらだら

油分の分泌が原因で起こる青春ニキビにニベア（油分）を塗る → 青春ニキビだらけ

ニベアが気に入ったので、1回で缶半分の量を顔に塗りたくる → ベタベタ肌

NIVEA
保湿クリーム

こんなニベアの使い方をしていたら、えらいこっちゃじゃないでしょうか？

肌をツヤツヤにできる才能を持つニベアちゃん。
でも、塗り過ぎてしまったり、タイミングを外してしまったり、使うシーンを間違えてしまったりすると、せっかくのニベアちゃんの才能は活かされず、むしろ、人を不快にすらさせてしまいます。

too much な才能表現の逆効果

今度は、うどんに唐辛子をかけて食べることをイメージしてみてください。

この薬味としての唐辛子は適量をかければ、良いスパイスになって、うどんの美味しさは増すことでしょう。しかし、間違えて瓶1本分の唐辛子をかけてしまえば、美味しいうどんになるどころか、食べられたもんじゃなくなります。

これは too much（過剰に出しすぎている）な状態です。才能をどこかれかまわず大量に使い過ぎて、弱みになっている状態です。才能というのは、ある意味、この唐辛子のような側面があります。too much な才能表現は、ときに、誰も Happy にはしないのです。過ぎたるは猶及ばざるが如しということです。

では、辛いものを食べるのが苦手という人に、唐辛子が少量でも入ったうどんを食べさせたらどうなるでしょう。せっかくの唐辛子が逆効果になって、こちらも美味しいうどんとは程遠くなってしまいます。

才能もこのうどんの例と一緒です。**才能とは、異なる才能同士の適切な掛け合わせ、絶妙なバランスによって表現されます。**他者への認識不足による Careless の才能表現では、才能を殺し合うことにもなりかねません。

長所と短所は紙一重です。才能は so good に使えば長所になり、too much に使うと、短所にもなり得ます。才能はコントロールする必要があるということを知るだけでも、too much な才能表現によるマイナスを回避することができるのです。

才能を丁度よく使えていない場合、不都合が起こります。ですから、マイナスな経験をした場合は、「自分には才能がない」と嘆くのではなく、逆に、**「この経験には、プラスに転換できる自分の才能が隠されているかもしれない」**というふうに捉えてみてください。

いくつか、例をもとに見ていきましょう。
私がコーチングをしているクライアントが持つ才能の弱みについての事例です。

1　Aさん（20代、メーカー勤務）
才能「全体を洞察し、最適解を出せる」
・かつて日本代表レベルまで上り詰めた、実業団ソフトボールのキャッチャー出身。投手、打者、チームの状態、配給の癖や読み、過去のデータなどのいろいろな情報を元に、リアルタイムに揺れ動く状態の中で、どんな配球で、守備で動かせばいいかといった答えを瞬時に導き出せる。
・将棋やゲームのような静的なゲームではなく、人間という曖昧で複雑な存在が起こすチーム内の問題解決に対して、才能が発揮される。

↓

才能が too much に表現された時に起こる弱み
・チーム内で起きる出来事に対して、良いことや強みではなく、何でもかんでも問題として捉えてしまう。結果、問題だらけになってしまい、メンバーも疲弊したり、自分の頭もパンクしてしまう。

・全体を洞察することで、チームで何が起こっているのか、自分はすぐに掴めてしまうのに、気付かない他のメンバーたちに対して、「なんでそんなこともわからないの？」と詰め寄りたくなってしまう。

※これは「自分の当たり前が、他人にも当たり前」と思っていることで起こってしまう too much な才能表現です。

2　Mさん（40代、スタートアップ企業取締役）

才能「人を効果的に励ます」

・相手が心から何をしたいのかを知れば知るほど、応援するための行動をとろうとする。

・ある人が「犬のサービスを始めたい」と言っていたのを聞き、頼まれてもいないのに休日の代々木公園に出かけて、犬を飼う人たちにインタビューしてデータをまとめ、その人に送ってあげた。

・チアアップしていく瞬間が大好き。チーム内では天性のモチベーターでもあり、圧倒的な心理的安全性を作り出すことができる。

↓

才能が too much に表現された時に起こる弱み

・会議などにおいて、誰でも彼でも巻き込もうとし過ぎて、非生産的な状態を作り出す傾向がある。

・単独の行動が大の苦手。誰かとまたはチームでの仕事ではないと力を発揮することができない。

3　Kさん（30代、スタートアップ事業部長）

才能「くすぶっている人材をプロデュースする」

・くすぶっているが、可能性を秘めた原石、種のような人材を見つける力があり、その見つけた人材に対するコミットメントが高い。飲みに行って手厚いフォローをしたり、「こうすれば上手くいく」といったプランを明確に伝え、育てていこうとする。結果的に、くすぶってい

た能力を花開かせることができる。

➡

才能が too much に表現された時に起こる弱み

・ローパフォーマーばかりに気を取られ、時間を使い過ぎて、結果的に
　ハイパフォーマーへのマネジメントを放置してしまう。
・中長期的な目線での可能性を追い求めるため、短期的な成果を見落と
　しがちで、結果、投資対効果の悪い施策をおこないがちになる。

4　Tさん（30代、事業部長）
才能「課題などに対し、事実を元にした分析能力がある」

・事実やデータを元に、感情や感覚といったものを一切排除し、冷静に
　納得度の高い解決策を作り出すことができる。
・事業部内で起こる課題をなぞなぞのように、次から次へと解いていく。
・確実な体制作りや事業戦略作りが期待されている。

➡

才能が too much に表現された時に起こる弱み

・理知的でスキのない様が、人への冷たさに映る。
・フィードバックが、人を詰めているようにしか聞こえない。
・問題の塊が大好きなので、問題を抱えるメンヘラ女子を掴まえては、
　話を聞き解決していくというループにハマってしまう。

5　Gさん（50代、経営者）
才能「ビジョンに巻き込む」

・事業をアップデートし続ける。その経営ビジョン、事業の可能性を少
　数の場で伝える時に才能が遺憾なく発揮される。
・話した人たちは、どんどん惹き込まれていく。
・「僕がこの世界にいないことって、それだけで世界の損失ですよね？」
　というくらい自分の存在を強く信じている。

↓

才能が too much に表現された時に起こる弱み

・事業を具体化することにはあまり興味が持てず、運用フェーズになる
　　と、途端にやる気がなくなる。

・話すことは好きだが、伝えたことの再現性や準備などができず、秘書
　　を困らせる。

・ビジョンを次から次にアップデートすることで、現場やマネジメント
　　陣が疲弊したり、変化の多さに組織が疲弊するループが続いている。

これらの事例でもわかるように、弱みは「何かが欠落していること」で起
こるのではなく、「才能を持ち過ぎていること」によって発生しているこ
とを理解してください。

弱みと課題の仕分け方

あなたは、日々、仕事の中で、上司や同僚、クライアントから、様々なフィー
ドバックを受け、仕事での成功や失敗からも様々な気付きというフィード
バックを得て、それらを学び、教訓として記憶していると思います。フィー
ドバックの中には、自己認識力の低い人からの自分勝手なフィードバッ
クも含まれていれば、自分ではどうしようもないような結果から得られた
フィードバックも含まれているでしょう。そのフィードバックの全てを自
分の糧や責任にしようとすることは危険です。ニベアちゃんの自己認識の
悲劇に陥らないためには、自己認識力を高め、フィードバックを仕分けし
ていく必要があります。

その仕分け方について、本章で扱った重盛さんの事例を使いながら解説し
ていきます。

まず、大前提として、明確にしておくことが2つあります。

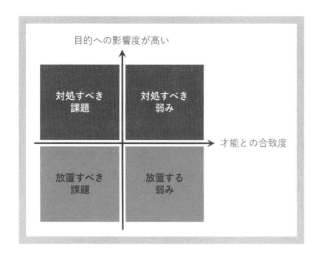

1つ目は、自分の仕事や役割におけるゴールや目的を明確にしておくことです。ゴールや目的が不明瞭では、何が重要で重要ではないかという仕分けができません。

2つ目は、自身の才能について自己認識しておくことです。

重盛さんの情報を改めて整理しておきます。仕事の役割は、コンサルティングファームのコンサルタントとして4人のチームのマネージャーを担っています。才能は「問題発見する力」です。

重盛さんが自己認識していた弱みは、「大勢の前でのプレゼンが苦手」「人の話をちゃんと聞く共感性がない」「チーム全体の状況が見えていない」「批判的な側面が強い」「ネガティブなフィードバックで人を傷つけがち」の5つです。今回取り上げるのは、重盛さんの上司から、「チームメンバーが疲弊している」というチームワークについての指摘が入ってきた時のことです。

弱みと課題の仕分け方 2 step

step 1　才能との合致度で弱みと課題に分ける

まずは、才能を軸にして、才能から出る<u>弱み</u>と才能が関連していない<u>課題</u>に仕分けします。

- 弱み…「批判的な側面が強い」「ネガティブなフィードバックで人を傷つけがち」
- 課題…「大勢の前でのプレゼンが苦手」「人の話をちゃんと聞く共感性がない」「チーム全体の状況が見えていない」

これは、才能の「不都合な真実」の項目でも説明しましたので、詳しい説明は省きます。才能が言語化されていれば、比較的簡単に仕分けすることができます。

step 2　目的への影響度の高さで対処と放置に分ける

step 1と合わせることで、以下の4つに分類することができます。

- 対処すべき弱み…「ネガティブなフィードバックで人を傷つけがち」
- 放置する弱み…「批判的な側面が強い」

- 対処すべき課題…「チーム全体の状況が見えていない」
- 放置すべき課題…「大勢の前でのプレゼンが苦手」「人の話をちゃんと聞く共感性がない」

【解説】

対処すべき弱み

今回、重盛さんが上司からフィードバックを受けているのは、チームワークについてです。ですから、重盛さんの役割やチームの現状を考えると、「ネガティブなフィードバックで人を傷つがち」という、重盛さんの「問題発見する力」という才能から出る弱みが影響していそうです。

放置する弱み

「批判的な側面が強い」という性質は、「問題発見」という才能だからこそできる批判能力です。コンサルティングの仕事では、この批判的な思考能力によって、核心を突く論点を見定め、問題解決に導くこともできるので、とても重宝されるものです。今回のチームの問題は、「ネガティブなフィードバックである」ということが特定できそうなので、今回は、この弱みは放置しても良さそうです。

対処すべき課題

上司のフィードバックから、今回のチームワークの問題が生じているのは、「チーム全体の状況が見えていない」ということの影響度が高そうなため、これは取り組むべき課題といえそうです。

放置すべき課題

今回の目的はチームワークの改善になります。その点においては、「プレゼンがうまくなるかどうか」は、直接的な影響は無さそうなので、現況は放置してもよさそうです。「人の話をちゃんと聞く共感性がない」については、対処か放置か、皆さんも迷うところではないでしょうか。
重盛さんの「人の話をちゃんと聞けていない」のは、共感性の欠如により起こっているのではなく、「問題発見」をし過ぎてしまうために起こっている可能性が高いです。重盛さんはメンバーの話を聞けば、「問題発見」という才能がゆえに、すぐ答えが出せてしまうため、その答えをメンバー

にすぐ伝えてしまう傾向があります。そのため、メンバーの話を聞く前に、自らが話をしてしまい、結果、チームメンバーの状況を把握することができていない、という状況が起きています。これは「共感性」そのものの問題ではないため、今回は放置しておいてもよい課題であると考えられそうです。

このように2つのstepで捉えるだけで、「自分が、今何をすればよいのか」を整理することができます。このような弱みと課題の仕分けができないと、簡単にニベアちゃんの悲劇に陥ってしまいますので、ぜひ習得していただければと思います。

無自覚な才能は凶器にもなる

あなたが才能に対して無自覚であればあるほど、才能は凶器にさえなりえます。

何でもスパスパッと切ることができる包丁をイメージしてみてください。この包丁の才能は「何でも切ることができる鋭さ」といえます。しかし、切るのが楽しいからといって、そこら中で振り回していたら、誰かを傷つけ、物を破壊してしまう可能性があります。包丁の切り方のお作法（切る時の逆手の添え方、キッチンでのしまい方など）も身に付けないと、これまた知らず知らずの内に、自分の手を傷つけることにもつながりかねません。「切りたい！切りたい！」という思いが溢れて、良かれと思って、お母さんが買っていたキャベツをきれいに包丁で千切りにしておいたけど、実はお母さんが作ろうとしていたのはロールキャベツだったとなれば、それもまた逆効果です。

包丁が「何でも切れる鋭さ」という才能を持っているのと同じように、皆さん一人ひとりの才能も素晴らしい力を持っています。しかし、**その力がゆえに使い方を間違えれば、それは凶器になります**。過去に才能が凶器化して他者や自分を傷つけた経験があり、その経験を引きずって、才能として表に出すことを恐れ、蓋をし続けている人もとても多いです。凶器化するかもしれないという才能への怖れが、自分自身の可能性を過度に制限したり、過度に否定したりしているのです。また、自分を肯定したいがために、その凶器化した才能で他者の才能も殺し、他者との関係性を破壊してしまう人もいます。

前述のAさんは「全体を洞察し、最適解を出せる」という才能を持っていたからこそ、チームメイトに「全体を見て自分で解決策を考えること」を強要し、チームのパフォーマンスを落とす結果に陥っていました。**自分の才能から生じる「あなただけの当たり前」を他人に押し付けて、凶器のように振り回し、他人の才能を傷つけ、流血沙汰になっているようなケースは、そこかしこで起こっています**。才能はそれくらい物凄い力を持っているのです。その才能をうまく使いこなす鍵は「自己認識」です。次章では、「才能を活かすための自己認識」について見ていきます。

才能は「強み」にも、「弱み」にもなる

4章　才能を活かすための自己認識という鍵

才能を活かすには「自己認識」が鍵になる

「才能を圧倒的に使いこなしていく」ためには、自己認識が大切です。

本書でいう「自己認識」とは、自分には様々な面があるという前提の下、実践の中で、実際の自分の動きを分析したり検証したりしながら、自分の様々な面を発見していくといった、常に動きがあるもののイメージです。

自己認識	自己理解
Self-awareness （気付ける力）	Self-knowledge （知っていること）
動的	**静的**
行動しながら、いつでも気づくことができる	机で一人向き合うなど、点での理解で使われがち
他者との関わりの中で気付ける力	**自分一人**での分析で使われることが多い
経験/行動⇒概念/知識	**概念/知識⇒経験/行動**
自分の経験や行動を概念にすることができる	概念や知識を自分の経験と紐づけることができる

わかりやすいように、自己認識と混同されやすい「自己理解」と比較して説明します。「自己理解」とは、静的な自分への取り組み方であり、「自己認識」とは、動的な自分への取り組み方です。「自己理解」とは、まず常に変わらない確固たる自分というものがあるという前提の元、その自分を理解・見つけていくという静かに机上で分析するようなイメージです。診断ツールを受け、出た結果の説明を読んで、「ここは当てはまっている」「た

しかに普段こういった考え方や行動をとる」という概念を知ってから（⇒）、経験と紐づけていく行為は「自己理解」のフェーズです。「自己認識」は、「自己理解」とは矢印が逆になり、経験したことを（⇒）、概念・知識化できる力のことを指します。例えば、プレゼンの準備としてパワーポイントの資料を作っている最中に、「あ、今、全体像を俯瞰する才能が出てるな」「あ、この仕事にワクワクを感じているな」というように気付ける力です。つまり、「自己認識」には、実際の行動の最中でも気付ける力、という意味が含まれています。「自己理解」を含み、行動しながらも気付けるようになっていく行為が、「自己認識」だと捉えてください。

昨今よく話題になる「自己肯定感」や「自己効力感」も、本来、「自己認識」なくしては語れないことです。自己認識力を高めないまま、どんなに「自己肯定感」や「自己効力感」を高めることに注力しても意味がありません。「自分は何者か」という前提条件がハッキリしないままでは、「何を肯定すればいいのか」「何ができるようになればいいのか」も定まらず、土台が不安定で脆いまま、自己理解の迷いの森へと迷い込んでしまうことになります。

「自己認識力＝ Self-awareness」が鍵になる

この「自己認識」が低かったり、ずれていたりすると、自分の才能に関しても、誤った理解になってしまうことがよくあります。例えば、「営業という才能がある」と思っている人がいたとします。この人が、今の会社でその才能を発揮できたからといって、他の会社の営業職に転職してもうまくいくとは限らないのです。

この人は今の会社のAという商品については深い知識もあり、開発にも携わっていたがゆえに営業の才能を発揮できていたが、転職した会社のBという商品については畑違いで、問題意識もなければ開発にも関わってい

なかったので、営業としての才能を活かしきれない……ということも起こり得ます。このような状態に陥ると、同僚からは「彼の才能も、それ程でもないな」と思われてしまったり、自分自身も「自分の才能って、才能と呼べるほどでもないのかもしれない」と自信を喪失してしまったりすることになります。

これは「自己認識」が足りなかったがゆえの悲劇といえます。才能をよりよく使いこなすためには、「自分で自分の才能を認識し直す＝自己認識」が鍵になるのです。

社会は、いま、どんどんパーソナライズ化されています。例えば、消費者の購買活動に関しては、一人ひとりの趣味や嗜好性に合わせて、商品やサービスが的確にレコメンドされてくるようなご時世です。AI化が進むに従って、よりパーソナライズ化された教育を受けたり、選別された情報を得たりすることが当たり前になってきています。しかし、「あなたにはこれがオススメ」「あなたに向いているのはこのタイプです」など、生活が便利になっていく一方で、パーソナライズ化された環境に身を置けば置くほど、自分の認識している外の世界に飛び出ることは難しくなっていきます。つまり、慣れ親しんだもの、自分の好みのことばかりで周りが埋め尽くされるので、異質な物や異なる価値観に触れる機会が減ってしまい、変化のきっかけを失う側面があるともいえるのです。変化のきっかけを実生活の中で感じるために、違う意見、異なる価値観と触れていくことは、自己認識力を高めるためにはとても重要なことです。全く異なる他者（他国、他社、他チーム）を知ることで、より自分（自国、自社、自チーム）を深く知ることができるからです。

また、社会の変化のスピードが加速度を増している時代には、これまで必要とされてきた仕事、これまで求められてきた能力も、おそらく、どんど

ん変わっていくでしょう。人生100年時代、一つの仕事ではなく複数の仕事をすることが当たり前になってくるともいわれています。

人生の中で4、5回のゲームチェンジ（仕事のルールが変わる）への適応が必要になると考えていたほうがいいかもしれません。今のうちに、パーソナライズ化された心地よい世界から少し飛び出すことに慣れ、自分の現在の認識の限界を常に意識し、積極的に認知の外へ飛び出るような心構えを持っておきましょう。そのために、自分が何者で、今何を感じていて、どこにいるのかを認識していく力「自己認識力＝Self-awareness」を高めていきましょう。

自己認識力は自信にとって代わる言葉

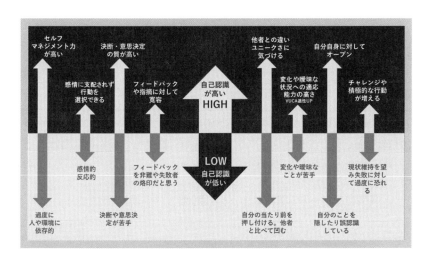

「自信を持つ」よりも「自己認識が高い」ことが大事

「自信（Self-confidence）」は、この数十年特に、自己啓発の中でも多く使われてきた言葉です。「自信があれば、行動ができる」「自信を持てば、夢

が叶う」「こんなに緊張するのは自信がないから」といった文脈です。

現代のリーダーシップ論では、確固たる軸を持っている、ぶれないといった印象で語られがちな「自信」という言葉よりも、「自己認識」の高いリーダーであることが重要視されている流れがあります。

VUCA という時代性の中では、物事の展開するスピードが早く、環境は変化しやすく、虚実織り交ぜた雑多な情報が散乱し、世界の様々な価値観、考え方、個性が入り混じっています。そういった世の中においては、確固たる自信を持って物事を進められるリーダーよりも、「今、自分たちが立っている現在地はここ」という現状認識と、刻々と動く状況の変化を認識し、修正していける力を持つリーダーのほうが求められているのです。

異質・他者を知ることで自己認識力は高まる

自分では自分のことは意外とわからない！

海外旅行に初めて行った時のことを思い出してみてください。私は、異国の地の文化、言葉、人、場所、食べ物に触れ、見たことのない世界、経験に好奇心はくすぐられ、ワクワクし、「ああ、海外って面白い。日本とはこんなにも文化が違うんだ」と心は弾みます。

そして、日本に帰国すると、今まで当たり前だと思っていて、スルーしていたことに気付き始めます。

「文字を書けるって当たり前だと思っていたけど、実は当たり前じゃなかったんだ（文字を書くなどの教育を受けられていない人達もいる、日本の識字率は 99%）」
「水道水を飲むことができるって、実はすごいことだったんだ（水道水が

飲めない国はたくさんある）」

「行列って並ぶのが当たり前だと思っていたけど、並ばない国もあるんだなあ」

「電車が遅れずに来るのは、海外では普通ではないんだ……」

ああ、やっぱり日本って、いいなあ。素晴らしいなあ。

すっかり忘れていた、いや、気付いていなかった日本の素敵さに気付きます。

これは、自国とは違う異国を通して、あらためて日本のことがよりよくわかってきたということです。これらは、あなたが海外にいる間に日本が変化したわけではなく、これまで当たり前に存在していた事実です。**その当たり前に気付けるようになっているという状態、それが「認識 aware-ness」している**という感覚です。

異国の地、異なる言語、異なる文化や価値観があることで、日本という国の文化をあらためて理解することができるのです。これは人間にもそのまま当てはまります。人間も自分とは異なる他者がいなければ、自分がどんな人間なのかを認識することはできません。

あなたの持つ当たり前の力は、あなたの才能です。その才能があなたという国の文化を作り出し、あなたという国の特徴や強みを作り出しているのです。

様々な才能を持った他者を知り、言葉を交わし、理解を深め合うことで、自己認識力は高まり続けます。自己認識力が高まっていかなければ、あなたが日本の当たり前の事実を見落としてしまうように、自分の持つ素晴らしいポテンシャルを見落としてしまう可能性が高まります。

私が 1000 人を超える人の才能に触れる中で、確信したことがあります。
あなたのそのポテンシャル、確実に見落としています。

これは 100% 言い切れます。あなたには、確実に見落としているポテンシャルがあります。新しい知識や技術を身に付けていくこともちろん重要です。しかし、すでに持っているのに、埋もれてしまっているポテンシャルがあるなら、そちらを使いこなしたほうがまずは良いのではないでしょうか。地球に対しては、「資源を有効活用してエコロジーでいよう！」と思えるはずなのに、自分自身に対しては、資源を全然使えておらず、全く自分自身のエコロジーは進んでいない……そんな状態は、本当にもったいないのです！

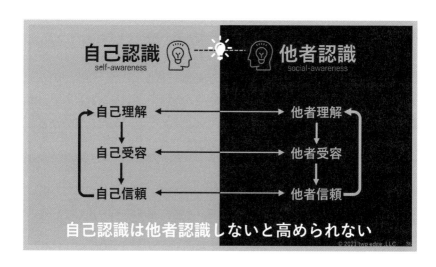

才能の使い方は自己認識次第

ある中途採用をメインにした人材紹介会社のＡマネージャーとＢマネージャーのお話です。この２人は、どちらも同じ才能の持ち主です。Ａマネージャー、Ｂマネージャー、それぞれのマネジメントの方向性の違いに注目して読んでみてください。

Ａマネージャー

私は自分の営業・面談スキルは卓越していると自負しています。

新しい面談者やクライアントと会えば、ほとんど苦もなく、その人の懐に入り込むことができます。言葉が溢れるように出てきて、気づけば、私のプレゼンとともに契約がまとまっています。人を目の前にすると、瞬時に、どうすればいいか、何を話せばいいか、私にはわかる気がします。この才能で、私は社内でナンバー１の営業になってきたんです。

私は部下の良いところを常に見抜いて伸ばそうと意識しています。

MTG では、いつも、こういう話をします。

「田中、おまえが一番だ！おまえが一番仕事ができる。山田、次はおまえだ！山田はもっと新規営業に行きまくれ。クライアントに聞きまくれ。まだまだおまえならできるだろ？がんがん数字を作っていこうぜ。そうすれば１位はおまえになるんだから」

私は最高のチームを作りたいんです。

そのためには誰もしたことがないようなチャレンジをし続けることが大切です。私はそうやって実績を作ってきましたし、私の方法を部下が身に付けられれば、必ず、ナンバー１の成果を出すチームになれるはずです。

> **B マネージャー**
>
> 私にとってベストなチームとは、一人ひとりが自分の強みを伸ばして力を発揮しているチームです。誰もが強みを持っているように、同時に弱みも存在しています。
>
> チーム MTG ではいつもこう伝えます。
>
> 「田中、山田、おまえの強みは、今週は発揮できたか？何か困ったことはないか？山田の課題だった新規営業のトークだが、私と営業に行けばサポートできるはずだから、声をかけてくれ。これから、どうしていきたい？皆で何ができるか話し合おう。チームで、それぞれの強みを使って成果を出していこう！」
>
> 私は部下の成長する道筋を照らし、そのサポートをすることが役割です。部下が自分の可能性を開花できないのであれば、それは私の責任です。私が培ってきた営業スキルも面談スキルも部下に伝えていきたい。部下の強みを開花させられるように、彼らにとっての最適なパターンに変えていけるようにしたいです。
>
> いつもチーム MTG が待ち遠しいです。皆でディスカッションしながら、最高の状態を作っていきたいんです。

この２人の考え方を比べて、どう感じますか？もし、あなたが部下だとするなら、どちらのマネージャーと一緒に働いてみたいですか？

実はこのＡマネージャー、Ｂマネージャーは同一人物なのです。読めば読むほど全く違う人に見えますよね。到底同じ人には映りません。

Ａマネージャーは自己認識が低く、「才能の使い方」を知る前の状態の発言です。そして、コーチングプログラムの中で自己認識を高め、「才能の使い方」を学んだ３か月後の状態がＢマネージャーです。

全く違う人に見えるくらいに、メンバーへのマネジメント、接し方が変わっています。

このマネージャーに、一体何が起きたのでしょう？

ここからは、AマネージャーからBマネージャーへと変化していった佐藤さん（仮名）の変化について見ていきましょう。

佐藤さんは当時34歳、大手の人材会社に新卒から入社し、12年目を迎えていました。中途の転職希望者と求職面談をおこなう業務と、求人募集する企業への営業活動がメインの仕事です。佐藤さんはとてもハイパフォーマーで、営業や面談をしているプレーヤー時代は、「佐藤がチームにいることが目標達成の条件だ」といわれるくらい、結果を出してきた方です。私が佐藤さんのコーチングに入り、お話する中で、プレーヤー時代の成功体験、子どもの頃の経験など、根掘り葉掘り聞かせてもらい、2つの才能が見えてきました。それは「言葉で魅了する力」「ベストを見定める見極め力」の2つです。

佐藤さんは、控えめに言ってもよく喋ります（笑）。「マイクを持たせて。そうすれば話せるから」と言い切るくらい、誰かと話をする場がセットされれば、「え？準備してきたの？」というくらい流暢に、リズミカルに、人を魅了する言葉が出てきます。これが「言葉で魅了する力」という1つ目の才能です。そして、ただ喋るだけでなく、聞く人を魅了できてしまうのは、「ベストを見定める見極め力」という才能がゆえになせる技でした。佐藤さんは、相手の様子を見ながら、何が課題なのか、それがどうすれば解決するのか、求職者の本当にあるべきベストなキャリアを見定めて、マッチする企業を提案することができました。佐藤さんのこの2つの才能が結果につなげられている要因だったのです。

実績が評価され、佐藤さんはマネージャーに抜擢されます。そこで3人のチームメンバーとともに、チームで目標達成していくという役割に変わっていきました。私が佐藤さんのコーチングを始めたのは、マネージャーに

なってから数か月後のタイミングです。

Ａマネージャーの時期の佐藤さんは、以下のような状態でした。

- 部下に対して、「なんでミーティングでも発言しないの？もっと主張すればいいのに」「こいつら使えねぇ」と不満を募らせている。
- 「チームの目標を達成するために、俺のやり方をとにかく皆が真似すればいい。俺が４人いれば、目標は達成できるのに」
- 「自分が背中で見せていけば、勝手に学んでいくでしょ？」
- 「自分は競争に勝つことがモチベーションだった。だから、チーム内でも競わせよう」

私は、「一人ひとりが全く異なる才能を持っている」「佐藤さんは自分でその才能をうまく今の仕事に適応させることができたから、ハイパフォーマーになっていっただけ」「他者認識することが重要」「自己認識の低い才能は他者の才能を殺してしまうリスクがある」というお話をしながら、佐藤さんとのコーチングを進めていきました。

「その才能で成功したのって、佐藤さんの当たり前であって、部下の皆さんの当たり前ではないですよね？」という私の言葉がグサッと刺さったらしく、佐藤さんは、**「自分は、自分の才能をメンバーにも押しつけていて、メンバーが持つ全く違う才能を殺していたんだ」**という気付きを得られて、部下へのマネジメントのスタンスや方法を大転換されていきます。

今までの佐藤さんは、とにかく自分のやり方を皆に教えるのが大事だと考えていました。部下の話を聞くことなく、ただひたすらに教え続け、全然結果につなげられない部下を見て、批判すらしていました。

それが、部下一人ひとりの才能を理解し、それぞれの才能を伸ばしていくという方向性に転換し、ただただ自分のやり方を押しつけるのではなく必

要に応じてコツを教える、あくまで部下の主体性を促す、というＢマネージャーの接し方に変わっていったのです。

３か月後の佐藤さんのマネジメント方針が以下です。

・話すことを強要せず、会議の際は事前にアジェンダを伝え、部下が準備する時間を作る
・メンバー一人ひとりの才能を活かすフィードバックを心がける
・お互いの才能を理解し合うチームビルディングを毎週実施する

佐藤さんに、部下を伸ばす才能がなかったわけではありません。ただ、Ａマネージャーの時期には、自分が持っている才能を、部下を伸ばすために使う方法を知らなかったのです。才能の使い方を変えたことで、佐藤さんはＢマネージャーのように進化したのです。

まとめると、佐藤さんはこんな変化を遂げました。

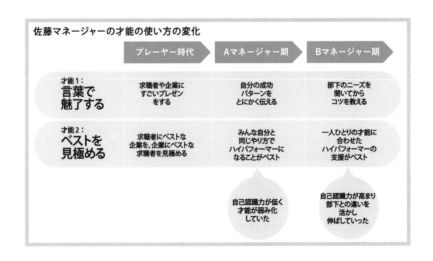

大事なポイントは、**才能そのものが変わったわけではない**、ということです。佐藤さんは、自身の才能の使い方を見直し、他者認識を深め、部下との違いを明確に理解していくことで、自己認識を高め才能の使い方を変化させていったのです。特にＡマネージャー期の<u>「自分の考えを理解できない部下がいる」</u>という認識から、Ｂマネージャー期で<u>「部下を理解できていない自分がいる」</u>というように、マインドがガラッと変わっていった様子はとても印象的でした。同時にマネジメントという仕事の理解も深めていくことで、**自分の才能を、マネージャーという仕事に適した「言葉で魅了する才能」「ベストを見極める才能」へと変化させ、成長させていった**のです。

自分の才能への自己認識が高まると、相手の才能への理解も深まる

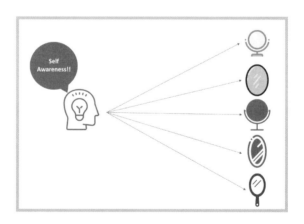

自分の才能のパワーを自己認識すればするほど、相手の才能についても理解が深まります。「他者は自分を映し出す鏡」という話と一緒です。自分とは異なる様々な他者という鏡を通すと、自分だけが持つ特徴、他者が持つ特徴といった違いがわかるようになり、自分についての解像度は上がり

ます。つまり、自分の才能をより深く自己認識していくことは、結果的に、人間関係やチームビルディングにも効果が出るのです。

佐藤さんのエピソードの続きです。私が佐藤さんのチームメンバーの才能についてもコーチングしていくと、部下はそれぞれ佐藤さんとは全く異なる才能を持っていました。特に佐藤さんと正反対ともいえる才能を持っていたのは、田中さん（仮名）という方でした。実際にお話していくと、田中さんは佐藤さんとは対照的で、寡黙で思慮深い印象がありました。コーチングセッションをする中でも、「部屋、寒くないですか?」「あ、ホワイトボードのペン準備しておきました」など、私のことも気にかけてくれて、みなまで言わずとも全て察してくれている感があり、とにかく気が利くのです。また、コーチングでの気付きや学びも、メールでわざわざまとめて、自主的に送ってくれていました。
そんな田中さんを通して見えてきたのは、「相手の言葉に100％集中し、相手の意図や主張を感じ取る」「記録に残す」という才能でした。田中さんは相手のことを感じとる対人感性がとても鋭く、意識せずとも相手の意図や思いが見えてしまいます。だから、先回りして準備しておく、声をかけるなどの動作が自然にとれてしまうのです。

ここで佐藤マネージャーと田中さんを比較すると、見事なまでに正反対の才能でした。
・喋りが得意な佐藤さん、聞くのが得意な田中さん。
・言葉を口から出すのが得意な佐藤さん、言葉を文字に残すのが得意な田中さん。
・マイクを離さず話し続けられる佐藤さん、マイクを相手に渡し相手の魅力を引き出す田中さん。

実はこの田中さん、転職して1年半の間、一度も目標を達成したことのな

い、まさにお荷物社員ともいえる状況でした。そこで、田中さんは「相手の言葉に100％集中し、相手の意図や主張を感じとる」「記録に残す」という才能を意識的に業務で使ってみるチャレンジを佐藤さんと一緒に始めました。その取り組みを通じて、「クライアントの意図を120％反映する魅力的な求人票の作成」「成果が出るまで求職者／クライアントに優しく寄り添うサポート力」という強みへと昇華させることができました。そこからメキメキと仕事の勝ちパターンを身に付けていき、田中さんは2か月後には、転職後初めて、目標を達成することができたのです。その後も達成を続け、その実績が評価され、なんと数千人を超える社員がいる会社の年間MVPに選ばれるようにまでなったのです。

佐藤さんは、それまでは、チームの目標数値は最終的には自分が数字を積んで達成すればいいと考えていましたが、今では、ほとんどメンバーの力だけで目標達成をすることができるようになりました。佐藤さんは、自己認識を高め、自分の才能に気付いたことで、結果、他者の才能についても理解を深めることができるようになったのです。

佐藤さんと田中さんのエピソードからも見えてくるように、佐藤さんの「言葉で魅了する力」で田中さんに喋ることを押しつければ、田中さんの「聞く力」や「記録する力」は発揮することができません。正反対の才能を持っている場合などは特に、自分の才能を快適に使うことが、他者の才能を殺してしまいやすいのです。このような才能の潰し合い、勝ち負けができてしまうような状態が世の中には蔓延しています。

多くの人は、自分の才能を見つけることに躍起になり、やりたいことを見つけて、自分の才能を強みとして発揮しようとすることに注力しています。それ自体は良いことだと思います。しかし、そうすると、「自分が／自分の」という視点で考えがちになり、「全く違う才能を持つ他者とどう関わるか」

という視点が抜け落ちてしまうため、「自分の才能だけが勝つ」という使い方に偏り過ぎてしまうのです。それでは、結局、せっかく出会えた自分とは異なる才能を持っている他者との関わりもほとんど活かせないまま、人生を生き続けることになってしまいかねません。

「あなたの周りには、あなたの才能とは全く異なるユニークな才能を持つ人だらけ」ということを、是非、皆さんには、強烈に自覚していただきたいと思います。

自分の「当たり前」は、他人の「当たり前」ではない

自己認識を高めるためには他者認識を高めることが必須です。**あなたの才能を元に生まれる「当たり前」は、他人にとっての「当たり前」ではない**ということに、より自覚的になっていくことが自己認識力を養います。また、自分の才能が持つ「当たり前」を他人に押しつけてしまうと、相手の才能を抑え込んでしまったり、相手は十分なパフォーマンスを得られないこともあるのです。

特に、それぞれの才能が正反対の性質を持っていると、お互いが「自分の当たり前」でぶつかりあい、否定しあって、win-lose または lose-win のような状態になってしまいます。

ここからは、正反対でぶつかりやすい才能をいくつか見ていきましょう。

例1：「まずは行動」の才能 vs.「まずは思考」の才能

「まずは行動」の才能を持つ人には、最初の一歩を踏み出す行動力、直感で判断し行動につなげる力が高くあります。チャンスを逃さず行動する、先頭を走る、行動で示すといった魅力です。逆に、「まずは思考」の才能を持つ人は、可能性やリスクを熟慮、吟味し、しっかり考えてから行動に移すタイプです。「石橋を叩いて渡る」という慎重さを表すことわざがありますが、石橋を渡ってみてから考えるのが「まずは行動」の才能、石橋を叩いて渡りたいのが「まずは思考」の才能といえます。

▼お互いの自己認識力が低いと……

例2：「広い人間関係を築く」才能 vs.「深い人間関係を築く」才能

この違いは、人間関係をどのように作り上げていくかという関係構築の才能として現れやすいです。「広い人間関係を築く」才能は、すでに知り合っていて、人となりをわかっている人たちよりも、まだ話したことがない人と知り合っていくことに興味を持っているタイプです。社会的好奇心がと

ても強いのが特性です。逆に、「深い人間関係を築く」才能は、知らない人ではなく、すでに知り合っている人の、更に奥深いところを知っていきたい、ということに好奇心が強いタイプです。「広い人間関係」は社交的で、人脈の広さや顔利きだったりする特徴があり、「深い人間関係」は、親友づくりが得意で、絶対に裏切らない、全てをさらけ出せるような関係を作り出すことが得意という特徴があります。

▼お互いの自己認識力が低いと……

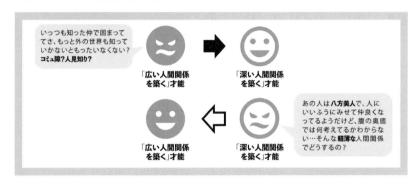

例3：「発散する」才能 vs.「収束する」才能

この才能の違いは、頭で思考する時にどんなパターンを得意とするかとして現れやすいです。例えば、会議の時には、アイデア出しで盛り上がる「発散する」才能と、具体的な実行プランにまとめていくのが好きな「収束する」才能という違いです。

▼お互いの自己認識力が低いと……

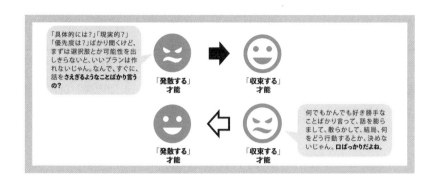

例4：「感性」の才能 vs.「理性」の才能

この才能の違いは、あらゆる出来事をどのように認知しようとするのか、という物事の見方として現れます。「感性」の才能は、感情であったり、感覚、情理を自然に扱うことができるタイプです。言葉や数字になっていない雰囲気や文脈、人の感情を文字通り感じ取る力に長けています。逆に、「理性」の才能は、事実、データ、論理、合理を自然と扱うことができるタイプです。感情に流されることなく、論理的に事実を把握、判断することに長けています。

▼お互いの自己認識力が低いと……

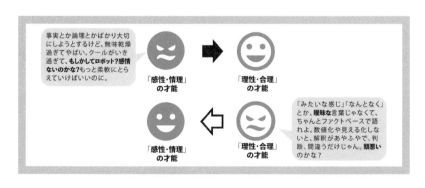

例5：「全体のニーズを掴む」才能 vs. 「一人ひとりのニーズを掴む」才能

この才能の違いは、他者との関係構築の中で現れやすいです。例えば、10人の友達に福岡旅行のお土産を買って帰る、というミッションがあるとします。「全体のニーズを掴む」才能を持つ人は、10人全員を満たすニーズを探した結果、全員に共通して喜ばれそうな"博多通りもん"（福岡で人気の甘いお菓子）を購入し、1人に2個ずつ、平等に渡そうとします。逆に、「一人ひとりのニーズを掴む」才能を持つ人は、10人いれば10通りのニーズがあるという考え方をするため、Aさんは辛いもの好きだから明太子かな、Bさんはよく食べるし、博多通りもんを4つ渡そう、Cさんは福岡ソフトバンクホークスのファンだからホークスのTシャツを買ってあげようなど、一人ひとりのニーズに合わせたくなるのです。

▼お互いの自己認識力が低いと……

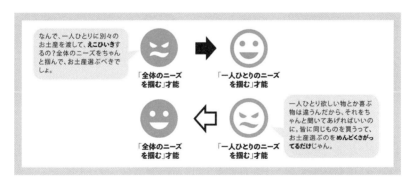

例1〜5のように、自分の才能に対して無自覚、かつ自分の才能の正反対の性質を理解していないと、自分の当たり前を相手に押しつけて、相手を批判してしまう思考が働きやすいのです。他者認識を高めず、自分のこと

ばかり考えて才能を使ってしまうと、必ず才能の使い方を誤ってしまいます。自己認識を高めるために他者認識を高める必要性を改めて認識してもらえればと思います。

正反対の才能のパターンは、これらの軸だけではなく、他にもたくさんの軸が存在しています。いずれにせよ、お互いの自己認識力が低いと、「自分の当たり前」を通じてしか、他者を見ようとしません。そうすると、他者の持つ可能性を潰し合い、それぞれが自分にはできない強みを持っているにも関わらず、活かしあえないという状態になってしまいます。

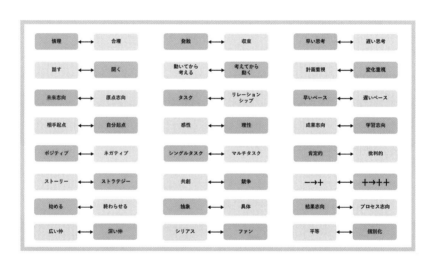

あなたが持つ才能の反対を持つ人は常に存在しています。他者認識をし続け、自己認識力を高めていくことができれば、全く違う才能を持つ他者とも良い関係が築けるようになります。自分の才能を認めると同時に、正反対の性質も認めることで、才能の使い方はより深まっていくのです。

自分の中の矛盾も受け止め、多面的な自分を楽しむ

自分と他者には正反対な才能が存在するように、時に、自分の中にも正反対な才能が共存している場合があります。

例えば、こんなパターンです。

- 普段、仕事では「まず行動を起こす」ことを自然と振る舞えるが、合コンに行くと「まず考えて」から振る舞い方を決めるようにしている。
- 仕事では、事実やデータで正確な判断をするようにしている「理性派」だが、家に帰ると、Netflixのドラマを見てすぐに涙をぼろぼろ流す「感情派」になってしまう。
- 自分のいる仕事のチーム内では「調和」を大事にしているが、他のチームや他部署に対しては「対立」的になりがちだ。
- 上司相手には「厳しい」が、自分の部下には「優しい」。

あなたにも、こういった正反対な自分の性質や行動、振る舞いを感じるシーンはありますか？
一見するとそのような状態は、一貫性がなくブレているようにも見えますし、矛盾しているようにも感じるかもしれません。しかし、誰もが皆、こういった矛盾を持っています。
この自分の中にある矛盾を自覚し、多面的な自分を知ることは、自己認識力を高めることにつながります。実は、組織も社会も、世の中は矛盾だらけであること、白か黒かだけではなくグレーはたくさんあることに気付ければ、その分、自分を受け入れられる幅も広がります。

30代の男性Kさんは、「相手の可能性を見抜く＆人を動かす力」という才能を持っていました。Kさんは地方の新拠点の事業開発を担当していたのですが、東京での成功モデルが地方では通用しなかったため、地方に特化した独自の発展ビジネスモデルを作り出した人です。

Kさんは、打ち合わせでは、自治体のキーマンを巻き込むために、相手と話していく過程で、相手の可能性を見出しながら、同時に、「自分のアイデアをどう魅力的に伝えればいいのか」という引き出しが無限に格納されているような方でした。「相手の可能性」と「自分の魅力的な伝え方」この2つが瞬時につながって見えて、何を伝えればよいのかがわかるので、たとえ相手が地味でも不出来でも、天才的に何らかの可能性を見つけ、その開花のために、人を魅了し動かしていくことができるのです。

しかし、元々、Kさんは、「相手のことがよくわかり過ぎる」という能力を、「人の目を気にし過ぎている」と感じ、自分に劣等感を抱いていました。人の目を気にし過ぎて、ドギマギしたり、変に感情移入し過ぎたり、他者に振り回される傾向を、「自分がない」というふうに捉えていたのです。また、意図せずともコミュニケーションを掌握し、支配していけることを楽しんでしまう自分にも自己嫌悪を感じていました。才能視点で捉えると、「他者がどう感じているのかを感じ取る『他者中心』の才能」と、「自分の思い通りに言葉巧みに表現する『自分中心』の才能」が、自己矛盾を引き起こし、バランスを崩している状態でした。

Kさんは、この状態を「自分はなんてバランスが悪いんだ」と捉えるのではなく、「2つの全く異なる才能を持ち合わせているからこそ、できることがある」と自己認識を高めていったことで、自己嫌悪や葛藤から抜け出し、素晴らしい実績を上げることができるようになりました。

一様な自分だけをピックアップして、「これが自分だ。これが私の唯一の才能だ」と思い込み過ぎてしまうと、自分の持つ可能性を限定し、自分の武器になりえるリソースとしての才能を見落としてしまうことにもつながります。自分の中にある様々な才能を自覚し、矛盾を受け止め、対立させることなく上手に使っていきながら、いろいろな自分を表現していくことを可能にしていきましょう。

自分の「当たり前」は、
他人の「当たり前」ではない

▼4章のエッセンス

・自己認識力を高めると、自分の才能をコントロールしやすくなる。
・自己認識力を高めるためには、他者認識が必須。他者認識なく自己認識力は高まらない。
・自己認識力が低いと、自分の才能の「当たり前」を相手に押し付けて、相手の才能を殺してしまうことさえある。

▼実践サポート自問リスト

・あなたは自分の新たな一面や価値観を探究し続けていますか？
・才能の勝ち負けではなく、お互いの才能を活かしあえるようなマインドでいますか？
・自身の才能を固定化せず、矛盾を受け入れ、多面的な自分を肯定できていますか？

5章　才能とトリガーはセットで最強になる

トリガーとは何か

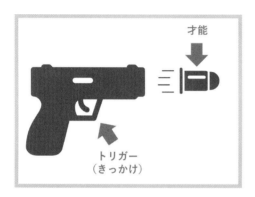

才能

トリガー
（きっかけ）

銃のトリガーを引けば、弾が出ます。このように、何かのきっかけによって、ある行動が起こること、このきっかけになる部分を、才能についても「トリガー」と呼びます。

例えば、梅干しを目の前にすると、口に中にはよだれが出てきますよね。全ての行動・アクションは、何らかのトリガーによって導かれるのです。

才能を動かすためのトリガー。より親しみある言葉でいうと、「やる気スイッチ」のことだと思ってください。

この章では、才能を動かすトリガー（きっかけ）について深めていきましょう。

トリガーを見つけるのがなぜ大事か？

才能　だけ　　　➡ 才能を動かしづらい
才能＋トリガー ➡ 才能を発動しやすくなる

才能を動かすトリガーの例です。

イベントのオーガナイズをする会社に勤める M さん（40 代後半、男性）
の場合。M さんは「ハイクオリティな立体的想像力」という才能を持っ
ています。野外／屋外イベントのプロデュース業を仕事にしている M さ
んは、イベントに出店する屋台のレイアウトを脳内でイメージし、何が最
も売れる陳列なのか、どんな配置が最もお客さんに楽しんでもらえるのか
を何度もシミュレーションしながら、ベストな配置を作り上げ、売上へと
つなげることができます。理想的な配置がパッと直感的に見えてきて、そ
のイメージが実現されていくプロセスが、なんとも楽しい瞬間なのだそう
です。これが M さんの「ハイクオリティな立体的想像力」の才能です。

M さんの仕事のスタイルは、様々なイベント会場や屋外スペースを実際
に訪れることが日課です。すでに契約している会場だけではなく、まだ契
約のないところにも、いろいろと足を運んでふらふらと歩き回るそうです。
社内的には、効率化などが進む過程で、なるべく外出せず、写真や動画な
どを使って企画できるようにしていこうという流れもある中、M さんは、
日々、外へと繰り出しているのです。

「なぜ、そんなに歩き回るんですか？」と M さんに聞くと、「実際に会場
に足を運ぶとね、いろいろな人や建物、匂い、雰囲気が頭に入ってきて、
この空間で何が実現されれば良い仕上がりになるのかが、自然に見えてく

るんだよね」と仰っていました。

そうです、Mさんは、**「リアルな場の情報を肌で感じる」**ことが才能のトリガーになっているのです。実際の空間に触れることがトリガーになっているからこそ、Mさんは、毎日毎日外出して、才能が発揮される瞬間を楽しんでいたのです。

トリガーはこんなにも違う

例えば、あるインテリアを販売するメーカーの営業部で、「今月100万円の売り上げを達成しよう！」という目標が立てられているとします。同じ目標でも、営業部のメンバーの才能によって、行動のトリガーは違います。

①「物事を遂行・完了すること」にトリガーがあるタイプ（完了型）

完了させることにトリガーを持つタイプは、「いつまでに終わらせるか、ゴールは何か、完了条件はなにか、to doは何か」を明確にすればするほど、100万円という目標の状態がクリアにイメージできて、やる気スイッチが入りやすくなります。

②「他者に役立つこと」にトリガーがあるタイプ（関係性型）

このタイプは、100万円という結果を作る過程で、「チームのメンバーにどのように貢献できるか、チームのメンバーとどんなプロセスで挑むことができるのか、サービスを享受する顧客にどんな価値を提供できるのか」といった、「人」に関する意味を見出せていないと発動しづらいトリガーを持っています。

③「好奇心を満たすことや新奇性にふれること」にトリガーがあるタイプ（好奇心型）

このトリガーを持つタイプは、100万円という目標を達成することそのものよりも、取り組む過程で得られる好奇心を満たせるかどうかに心を躍らせます。例えば、「どんな新しい知識を学べるか、どんな新しさ・アイデアと出会えるか、どんな新しい方法を見つけられるか、どういう工夫をしていけるか」などを考えることによって、やる気を出せることが多くあります。

ちなみに、このタイプの中で、②の関係性型と掛け合わせたようなトリガーを持つ人もいます。「新しい知識や技術に出会うことではなく、会ったことがない人、面白い人と出会うこと」というトリガーです。③は知的好奇心型、③＋②は社会的好奇心型になります。

④「考えを深める、問題解決など思考活動そのもの」にトリガーがあるタイプ（思考型）

このタイプは、100万円を達成するプロセスにおいて、「どんな課題・難題を解決する機会があるのか、どんなテーマを深める機会があるのか」といったことに心が躍るトリガーを持っています。

⑤「周りに影響を与えること」にトリガーがあるタイプ（インパクト型）

このタイプは、100万円という数字を達成することよりも、100万円という数字を達成することで得られるインパクトを重視するトリガーを持っています。例えば、「社内でどんなインパクトを与えられるのか、チームメンバーにどんな働きかけをおこなえるのか、社会に対してどんなインパクトを与えられるのか、自分がいかに存在感を発揮できるのか」といったことが明確になればなるほど、やる気になるタイプです。

これらのトリガーの種類はあくまで一例ですが、「100万円の売り上げ達成」という目標一つでも、その目標の実現に向けて行動するためには、人

によって、様々なトリガーの違いがあることを知っておいてください。指紋や声紋が一人ひとり全く違うように、才能を動かすトリガーも人によって全く違う形で存在しています。自分の才能はどんなきっかけで発動するのか、まずはそのことを自己認識しておくだけでも、才能の発揮は格段に簡単になります。

自分のトリガーの見つけ方

自分の才能を動かすトリガーの見つけ方は比較的簡単です。
シンプルに言うと、才能を上手く使っていたシーンを思い出し、才能を使い始めたきっかけを見つけるだけです。

step 1

成功体験やずっと記憶に残っている喜びや楽しさが溢れている印象的なエピソードを思い出してください。そのエピソードの中から、あなたの才能が上手く発揮されたシーンを鮮明にイメージしてみてください。

step 2

そのシーンで才能が動き始めた瞬間に何が起こっていたのか、直前まで何をしていたのか、どんな出来事があったのかを思い出してください。その直前の行動（**情報起因・環境起因・目的起因**）があなたのトリガー候補になります。

トリガーの性質としては、主に次のような3つ起因があります。

情報起因の トリガー	「目に入る、得られる情報」の種類によっ て、トリガーが発動する
環境起因の トリガー	「天気が晴れる」「妻の機嫌が良い」など、 自分ではコントロールできないが、環境の 変化をきっかけにトリガーが発動する
目的起因の トリガー	「●●を助けるため」「■■というゴール を達成するため」といった目的や意図に よって、トリガーが発動する

例：「誰とでもすぐに関係を深められる」という人間関係の才能を持っている人の場合。

　　【エピソード】大学の時の就活は「就職したいから」というより、社会人に会うのが楽しくて、自分でイベントも企画・運営し、1000人以上のOBや学生、社会人と出会ったなぁ。

　　【うまく才能が発揮されていたシーン】人と会った時に、自分の知らないような価値観が会話に出てくると、「どうしてそう思うんだろう？」と思って、相手に根掘り葉掘り質問していた。そのシーンが印象に残ってるなぁ。

　　【トリガー候補】「知らない人と会う」予定が決まっただけで、ワクワクする。過去に会ったOBともう一度会うのは心躍らなかったけど、新しいOBと会う予定が入っていると、1日が楽しみで仕方ない。

step 3

　　step 2で見つけたトリガー候補を実際に試してみる。試してみて、自分のモチベーションが上がったり、才能につながっている感覚が出てくれば、トリガーの発見は完了です。

トリガーは、あなたの才能を ON にするためのスイッチのようなものなので、簡単で、すぐにできるようなアクションが理想的です。

いつでも自分の才能を動かせるようにしておくために、自分流の「使いやすいトリガー」を見つけておくことをオススメします。

■使いやすいトリガーを見つけるためのポイント

・自分１人で完結できる、コントロールできるトリガーを見つける。

・数分（長くても５分）で終わるようなトリガーを見つける。

才能を動かすトリガーの事例集

才能	トリガー
誰とでも関係をすぐに深められる	知らない人と出会う機会を作る
全体を洞察し最適解を出せる	理想を描く（ex ノートに書く、風呂でイメージを膨らませるなど）
目に見える形に落とし込める	todo リストを作る
人のユニークさや特性を見抜く	1対1で話す時間を作る
知的に探求する	まずは3分間、本を読む
戦略や抜け道を見つける	事業を良くする仮説を考える（最低1個）
感性を使って観察する	朝5分間、ストレッチをする
アイデアを発想する	美術館で、アートに触れる
ビジョンをわかりやすく語る	ネットサーフィンで無心に情報を取り入れる（脳が活性化＆ビジョンが現れる）
物事を整える	サウナに入る（身体が整うと同時に、思考や行動も整っていく）
新しい切り口の企画を生み出す	「新しい」「今までにない」という言葉が聞こえる。（店や場所etc）

この図は、私がこれまで出会ってきた才能と、その才能を動かすためのトリガーの一部です。自分のトリガーを見つけるための参考にしてください。

一見すると、「なぜ、このトリガーがこの才能につながるの?」と思うものもあるかもしれません。一人ひとり全く違う才能を持っているのと同じように、トリガーも一人ひとり全く違います。同じような才能でも、人によっては思考系のトリガーで発動する人もいれば、動作や身体の調子がトリガーになる人もいるのです。「ストレッチ、to do リストを作る」など、自分が起こす行動によって動き出すトリガーもあれば、「知らない場所に行った」「新しいという言葉が聞こえてきた」時に発動するといった、周りの環境に影響されるトリガーもあります。中には、「トラブルが発生する」というユニークなトリガーを持っている人もいます。その人は、クライアントからクレームの電話がかかってくると、「なんだなんだ?何が起こったんだ」と心が躍り始めます。祭りの賑わいを見るとワクワクし始める感覚に似ているそうです。その人は、何が起こるかわからない、緊張感の高い環境の中で、「アドリブで正解を見つける」という才能を駆使し、トラブルを上手く収めていくというヒリヒリ感がたまらないそうなのです。

トリガーのかけ違いが生む悲劇

実は、このトリガーの掛け違いによって、組織内では上手くチームのモチベーションを高められていないケースも多いのです。

例：完了型トリガー vs. 関係性型トリガーのかけ違い

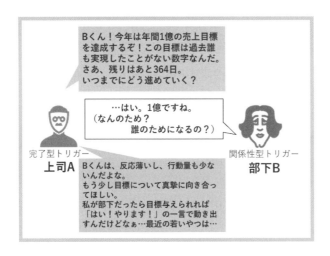

上司のＡさんは完了型トリガーなので、目標を掲げゴールを明確にすれば、やる気が溢れ、行動へと掻き立てられる人です。その考え方で会社でも成果を出してきたＡさんには、「私は、ゴールを明確に掲げれば掲げるほどやる気になる！皆にもとにかく具体的に目標を掲げる重要性を伝えていこう」という部下へのマネジメントの方針ができあがります。この考え方自体は、上司として、組織のビジョンや事業成長のためにとても重要なことではあるのですが、Ａさんが自己認識を高めることを怠ってしまうと、上のようなすれ違いが起こってしまうのです。

Aさんは「具体的なゴールを掲げれば、皆やる気になる！」という思い込みの元で伝えていますが、部下のBさんには、その言葉は全く刺さっていません。Bさんは関係性型トリガーなので、「明確なゴール」よりも、「誰のためになるのか、どんな人達と関わり、どんなチームで取り組むのか」ということに価値を見出しやすい人です。ただ目標や期日のことしか言わないAさんの伝え方では、全くアクションにつながらないのです。

では、Aさんが自己認識を高め、お互いのトリガーの違いを理解していくと、どのような伝え方ができるでしょうか？

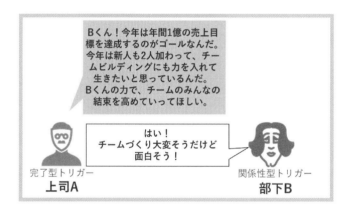

Aさんは、1億の売上目標ということの他に、その1億を達成するプロセスで、「誰とおこなうのか、どんなチームを作っていきたいのか」といった視点も明確に伝えています。このような表現をすることで、Bさんのトリガーが発動するような伝え方に変わりました。

自分や他者の才能を動かすトリガーの違いを知り、そのトリガーが発動しやすいように、それぞれ意味づけを変えていければ、誰もがやる気を出せるような環境にすることは可能になっていくでしょう。

才能を動かすトリガー＝
「やる気」スイッチを常備せよ

▼5章のエッセンス

・才能を発動させるきっかけである「トリガー」を自己認識しておこう。
・マネージャー層は、部下のトリガー＋才能を知っているとチームの力を最大にできる。

▼実践サポート自問リスト

・あなたの才能を発動させるトリガーはどのようなものですか？
・周りの人のトリガーを知っていますか？

6章　才能はオーナーのマインド次第
～グロースマインドセット（Growth Mindset）

才能を使うオーナーとオーナーのマインド

この章では、才能そのものについてではなく、才能を使う「オーナーのマインド（意識）」について考えていきます。まずは、「才能を使っている感覚」を、ペットの犬と、その飼い主、飼い主のマインド（意識）という関係で捉えてみましょう。

飼い主	が	○○なマインド	で	犬	の散歩をしている
ポケモントレーナー	が	□□なマインド	で	ポケモン	を繰り出す
才能のオーナー	が	☆☆なマインド	で	才能	を使っている

飼い主は犬のオーナーとして、犬にリードを付けて散歩しています。人の往来が多い道で散歩する、友人宅に遊びに連れて行く、たくさんの犬と触れ合うドッグランに行くためには、「噛みつかないようにする」「吠えてもやめさせられる」「トイレの仕方をしつける」といった「しつけ」が必要です。犬を自由にいろいろな場所に連れて行こうとすればするほど、飼い

主としてのペットとの信頼関係やコントロール感が大切になります。

ポケモンでも同じような構造です。ヒトカゲ、ピカチュウ、ゼニガメ、プリンなど様々な特徴を持つモンスターがいます。そして、そのモンスターたちのポケモントレーナー（オーナー）としてサトシくんがいます。ポケモントレーナーは、「キミにきめた！」「ピカチュウ、でんげきだ！」とモンスターに使う技の指示を出して、自在に動かすことができる立場です。

この飼い主と犬の関係、ポケモントレーナーのサトシくんとポケモンの関係が、才能でも全く同じように捉えることができます。

・飼い主、サトシくん：才能のオーナー（才能に指示を出す、コントロールする）
・犬やポケモン：才能（いろいろな才能があります）
・飼い主やサトシくんのマインド：才能を扱うマインド（どんな意図や目的を持つのか、どんなスタンスなのか）

つまり、才能のオーナーが、才能に何らかの指示を出し、才能を発揮しています。そして才能のオーナーは、様々な状況や場面に応じて、どんな目的やスタンスで才能に指示を出すのかというマインドを持っています。

マインドが少しわかりづらいと思うので、ペットの例で説明します。やんちゃで好奇心の強いゴールデンレトリーバーを飼っているとします。その飼い主のマインドが、「とにかく接する人に迷惑かけないように気を付ける」という気配り上手のマインド、「一緒に遊んでのびのび元気に育てる」というのびのびマインドだった場合で、それぞれ、犬の飼い方・ペットライフは変わってきます。

気配り上手のマインドの場合、散歩の時は神経質に人気のない道を選んだり、家では吠えないようなしつけ、噛みつかないように徹底的にしつけるといったコントロールをしそうです。ゴールデンレトリーバーのやんちゃ

さなどは気にせず、しつけに注力していくでしょう。一方、のびのびマインドの場合、大きな公園でテニスボールをキャッチする遊びをしたり、ゴールデンレトリーバーの好奇心をくすぐるような自然の多い場所によく連れて行ったりと、飼い主も一緒になって楽しむでしょう。

ここでお伝えしたいのは、同じゴールデンレトリーバーを飼っていても、飼い主のマインド次第で、ペットとの接し方が全く変わってくるということです。

4章に出てきた佐藤マネージャーを例にしてみましょう。改めて整理しておくと、佐藤さんは人材会社で求職者面談や企業営業をおこなうチームのマネージャーです。「言葉で魅了する」「ベストを見極める」という2つの才能を持っています。

・才能のオーナー：佐藤マネージャー
・才能：「言葉で魅了する」「ベストを見極める」
・オーナーのマインド：「どのように才能を発揮するか」という佐藤マネージャーの意識レベル

以下の図のような3つの異なるマインドによって、佐藤さんの「言葉で魅了する」「ベストを見極める」という才能の使い方がどのように変わるのか、比べてみましょう。

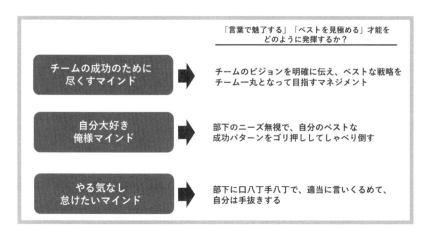

いかがでしょうか？

才能のオーナーである佐藤さんのマインド次第で、同じ才能でも使い方や得られる結果に大きな違いがあることを感じ取ってもらえればと思います。

「才能は変化する」という考え方、「才能は変化しない」という考え方

マインドには、そのマインドを動かす基盤となる「マインドセット」というOSのようなものがあります。才能にまつわるマインドセットには、2つの種類があると、最近の研究では考えられています。スタンフォード大学心理学教授のキャロル・デュエック教授が提唱した**Growth Mindset（グロースマインドセット、成長型マインドセット）**と**Fixed Mindset（フィクストマインドセット、停滞型マインドセット）**という考え方です。この2つのマインドセットについて、とても面白い実験があるので、紹介させてください。

思春期初期の子どもたち300人を対象におこなわれた実験です。子どもたちに、非言語式知能検査（図形を当てるなど）として、子どもにとっては難易度の高い問題を10問、解いてもらいました。全問正解するには、かなりハードルが高い問題です。

そのあと、子どもたちを2つのグループ（A群、B群）に分けて、結果に対してそれぞれ違うフィードバックをおこないました。

A群の子どもたちには、「まあ、8問正解よ。よくできたわ、あなたは頭がいいのね」「7問も解けるのは、才能があるからね！」というように、**いかに有能か、能力が高いか**ということを意識させるフィードバックをおこないました。B群の子どもたちには、「まあ、8問正解よ。よくできたわ、がんばったのね！」「この問題の解き方は、工夫できているね！どんなふうに解いたの？」と**努力や取り組むプロセス**を意識させるフィードバックをおこないました。グループ分けをした時点では両群ともほぼ同じ成績でした。しかし、それからの普段の問題の取り組み方に、A群、B群で変化が起こり始めました。そのあとしばらくして、A群、B群の子どもたちに、**前回と同様の難易度で、内容は異なる問題**を再び解いてもらいました。一体、どんな違いが出たでしょうか？

A群の子どもたちは、新たで難解な問題ほど、積極的に解こうとはしなくなりました。新しいチャレンジを避け、ボロを出して自分の能力が疑われることを避け始める傾向が出てきたのです。A群には、「失敗すると、自分は頭が良くないんだ。解けないということは頭が悪いんだ」という認識が生まれていたのです。

それに比べ、B群の9割の子どもたちは、新たで難解な問題にも積極的にチャレンジすることを選び、「もっと頑張らなくちゃ！」「どうすればできるんだろう？」という認識を持ち始めるようになったのです。

A群とB群の違いは、フィードバックの違いのみでした。

・A 群 ➡ 有能かどうか、能力を持っているかどうかをフィードバック
・B 群 ➡ 努力やプロセスに対するフィードバック

なぜ、フィードバックの仕方一つで、ここまで変わってしまうのでしょうか？

フィードバックによって、A 群の子どもたちには、**「問題をたくさん正解することができた ➡ 能力があることの証明」**という認識が生まれました。「結果が出ないと能力があることの証明にはならない」というマインドになってしまっていたため、2 回目には、「解けないかもしれない」という怖れが生まれ、難しい問題に対して消極的になっていたのです。
B 群の子どもたちには、フィードバックによって、**「問題をたくさん正解することができた ➡ 努力や工夫が大事だ」**という認識が生まれました。ですから、2 回目も、結果を出せるかどうかではなく、「どう努力すればいいだろう？」「どうやればできるようになるんだろう？」というマインドで、難しい問題に対しても積極的になれたのです。

この実験からわかったのは、以下のようなことです。

A 群：フィクストマインドセット（停滞型）Fixed Mindset
「能力がある、才能を持っている」ことを褒める ➡ 能力や才能の証明は結果を出すことだと思うため、難しいことにチャレンジしようとする姿勢が減る

B 群：グロースマインドセット（成長型）Growth Mindset
「努力やプロセス、工夫している」ことを褒める ➡ 能力や才能は努力次第だと思うため、難しいことにチャレンジしようと積極的になる

この２種類のマインドセットを才能に当てはめると、以下のようになります。

「才能は変化しないし、能力はもう変わらない」という前提

➡ フィクストマインドセット

「才能は変化させられるし、能力はまだまだ伸びる」という前提

➡ グロースマインドセット

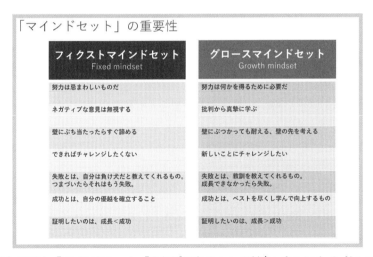

※上の図は、『マインドセット「やればできる！」の研究』キャロル・S・ドゥエック著（草思社）の考え方を参考にしています。

「マインドセット」の重要性

才能は変化しないという前提の才能の使い方	才能は変化させられるという前提の才能の使い方
フィクストマインドセット **Fixed Mindset**	**グロースマインドセット** **Growth Mindset**
取り組む課題に対して、自分の才能に向いているか不向きか、で考える。	取り組む課題に対して、自分の才能をどう使っていこうか、で考える。
取り組む課題を選ぶ時、才能に合うかどうかだけで考え、合わない場合は選ばない。	取り組む課題を選ぶ時、やりたいかどうかで考え、合わない場合は自分をどう変化させれば対応できるかを考える。
才能を持っているかどうかが、自分の有能さを証明してくれる。	才能を使い、いろいろ工夫して、自分を変化、成長させていきたい。
才能とは、すでに完成された才能を見つけられるかどうかだ。	才能とは、自分の素材を元に作りあげていくことができる。
失敗は、才能がないことの証明になるので、怖い。	失敗は、才能をより成長させるための最高の材料なので、歓迎する。

※上の図は、キャロル・S・ドゥエック教授の「Growth Mindset」の考えを元に、私が、才能版に置き換えたものです。

引き続き、ポケモンの話で例えていきましょう。

■フィクストマインドセットのサトシくんの場合

サトシ:「ピカチュウ、君はもうこれ以上変わることはないんだ。だから今、君の持っている『でんげき（電気を繰り出して敵をビリビリさせる）』の技、うまく使っていこう」

ピカチュウ:「そっか。でんげきしか出せないんだから、この技を使えるところを探していこう」

サトシくんの指示をピカチュウは真に受けてしまい、自分が変化できる可能性を見落とし、低く見積もり、今あるものだけで勝負していくしかないと思うようになりました。

■グロースマインドセットのサトシくんの場合

サトシ：「ピカチュウ、君はまだまだ進化できるんだ。チャレンジして失敗から学んでいけば、いろんな技の使い方も見えてくるよ。さあ、どんどんフィールドに出かけて試していこう！」

ピカチュウ：「そうだよね！でんげきもたまたま習得できたけど、この力は工夫すれば、もっといろんな活用の仕方がある気がするんだよね。いろいろ試してみるよ！」

こうしてフィールドで練習しまくった結果、ピカチュウはライチュウへと進化し、「かみなりパンチ」という強力な技を習得できるようになりました。

あなたは、才能に対して、グロースマインドセットですか？
それとも、フィクストマインドセットですか？

「今ある才能に向いているのは何か？向いていないところはどこか？」といった視点だけで、才能を捉えているのなら、それはフィクストマインドセットということになります。一方で、「今ある才能を使って、どんな変化を起こしていこうか？自分の才能には、他にどんな可能性があるのだろう？」ということに想いを巡らせているのなら、グロースマインドセットといえるでしょう。

フィクストマインドセットの落とし穴1
才能は「変わらないもの」と考える

フィクストマインドセットを持っていると、いくつかの落とし穴にハマることになります。

落とし穴の1つ目は、**「才能とは変わらないもの」**という考え方にとらわれることです。この考え方がもったいないのは、自分の快適さ・心地よさ

に適した役割、適した人間関係、適した環境を求めてしまいがちになるからです。

もちろん、選択肢が複数あった場合、自分の心地よい方、自分の才能をより活かせる方を選ぶことは間違っていません。しかし、自分は「こういう条件の環境や役割でこそ、才能を発揮することができる」と安易に決めつけ、思い込んでしまうことは、「条件や環境が変わると、才能が発揮できなくなってしまう、できるだけこの環境に居続けよう」という考えにつながります。そうすると、新たな可能性の発見やチャレンジをしづらくなっていく傾向が生まれます。

フィクストマインドセットの落とし穴2
成功の鍵は「才能を持っているかどうか」だけという断定

落とし穴の2つ目は、**「才能を持っているかどうか」を成功や失敗の判断基準として使ってしまう**ことです。「あの人がピアノのコンクールで優勝できたのは、ピアノの才能があったから」「今回の商品企画プロジェクトで失敗したのは、自分に企画の才能がなかったから」などという言葉を使っている場合です。重要なのは、目的に適した才能を持っているかどうかではなく、今あるあなたの才能をいかにうまく使うか、いかに工夫できるかどうかです。そこに着目しない限り、成功した理由は「才能があったから」、失敗した理由は「才能がなかったから」ということで結論づけてしまい、工夫したり、磨いたり、変化させたりしようとすることにはつながりにくくなります。

フィクストマインドセットの落とし穴3
今ある才能だけに「こだわる」

落とし穴の3つ目は、**今ある才能だけに「こだわり」過ぎる**ことです。

今、自分が持っている「才能」や「できること」が何かを知るのはもちろん大事なことです。しかし、今ある才能だけにこだわり過ぎると、才能の柔軟性は減り、使える用途はどんどん狭くなっていき、難解な課題や、苦手な人・状況に対して逃避しがちな傾向が出てしまいます。同じように、「自分らしさ」という言葉にこだわり過ぎることも落とし穴になります。自分の才能というものは、「自分らしさ」を表現するためのコアであることは、たしかです。ただ、「自分らしさ」に固執すると、「自分らしい（と思い込んでいる）ことしかやらない」ということが起こってしまいます。「今の自分にマッチすることしかしません」「向かないので、その仕事はしません」という考え方だけでは、選り好みばかりする面倒くさいヤツに成り下がってしまいます。

グロースマインドセットで才能と向き合っていく

グロースマインドセットで才能について見直すと、3つの落とし穴について、カウンター的な対処をすることができるようになります。

①才能は「変化させられる」（落とし穴1へのカウンター）
グロースマインドセットで才能を使うことで、才能に変化を起こすことができます。4章の佐藤さんは、自分のポジションの移行に合わせて、「言葉で魅了する」「ベストを見極める」という才能を変化させていきました。プレーヤー時代には、求職者向けにベストな企業を魅力的に伝え、転職を

実現させるという使い方で成功を収め、マネージャー時代には、部下の才能に合わせたベストな業務遂行方法のコツを教えるという使い方に変化させることで成功を収めています。

②才能は「使い方次第で大化けする」（落とし穴２へのカウンター）
グロースマインドセットで才能を使う人にとって、今の才能の状態ではクリアできそうにないチャレンジは、才能を大化けさせる成長のチャンスになります。

国内のコンサルティングファームからエストニアという異国のスタートアップに転職したＮさんという方の例です。Ｎさんの持つ才能は「差別化要素の見極め」です。仕事に取り組む上で、真正面から向き合うのではなく、何が効率よく飛び抜けられる要素なのをか見極める力にとても長けていました。これまでＮさんは自ら時代のトレンドを先読みし、RPA（Robotic Process Automation）という業務プロセスを自動化する技術に着目し、RPA分野のコンサルティング領域を深め、自身の得意分野として活躍していました。しばらくして、Ｎさんはこれまでのキャリアとは全く関連のないエストニアのスタートアップに転職します。IT化された国としてスポットライトを浴びているエストニアという異国の環境、スタートアップという目まぐるしく変化の激しい環境で、新たな事業開発にチャレンジしたのです。そのあと、Ｎさんはこの環境の変化をきっかけにして、今度はエストニアで自ら新たなスタートアップを立ち上げ、経営者としてのチャレンジをスタートしています。Ｎさんは「差別化要素の見極め」という才能を武器に変え、自身の発揮できる価値や強みを大化けさせました。

③才能は「非連続なチャレンジで新たに開花する」（落とし穴３へのカウンター）
これは必ずしも誰にでも起こるというわけではありませんが、才能の持つ

可能性の一つとして知っておいてほしいことです。

グロースマインドセットで才能を使う人は、仕事選びや新たな環境を選ぶ時に、「今の才能に合うかどうか」では判断していない傾向があります。「向いているかどうか」「才能に合うかどうか」ではなく、「純粋にやりたいことかどうか」「純粋に好きかどうか」で判断しています。「純粋に」という言葉をつけていますが、自己認識力をある程度高めた上での「やりたい」「好き」という感覚が大切、という意味です。自己認識力が低く、外発的動機にまみれた「やりたい」「好き」では、選択をミスしやすいのです。

今の自分ではできそうにないけど、「好きだ！」「やりたい！」という感情でチャレンジし始めると、才能はモリモリっと立ち上がり、まだ使えていなかった可能性を開花させたり、新たな才能を開発できることがあります。

あるコンサルティングファームで働いて３年目のＳさんと、コーチングプログラムに向き合う中で起こったことを紹介します。プログラムのスタート当初は、コンサルタントとしてどんなゴールを掲げて取り組むか、という視点でした。しかし、Ｓさんは、自身の純粋にやりたいことに向き合っていった結果、コンサルティングファームを退職し、スポーツクラブ経営のスタートアップへと転職していきました。Ｓさんはサッカーが趣味で、フォワードとして点を決めた時の全身で感じるチームの一体感、やり遂げた快感が大好きでした。大学院でもスポーツビジネスの研究をしていたくらいです。しかし、何かしらの理由をつけては、そのサッカーへの情熱をずっと趣味のレベルに押しとどめていたのです。今、Ｓさんは「純粋なやりたい」という気持ちを軸に、サッカークラブ経営を学ぶ学校にも通い始め、コンサルタントから全く異なる業界へとチャレンジを続けています。

著名な方の例としては、為末大さんの非連続なチャレンジもとても刺激的

なストーリーです。為末さんは陸上競技の花形 100m・400m の選手でしたが、高校生になり伸び悩んだのをきっかけとして、ハードルの選手へと転向したそうです。

国際大会のハードルの決勝戦を見て、「この競技なら、足が速いだけではなく、もっと違う要素で勝てるかもしれない」と感じ、「日本で収まっていては面白くない。世界と勝負する土俵に上がりたい！」という内発的動機により、ハードルの選手にチャレンジしたのです。その後の結果は、皆さんもご存知の通り、世界陸上で２回の銅メダル獲得、オリンピックにも３大会連続出場など、世界を相手に勝負する選手になりました。

また為末さんは、大学に入ってからもスランプを経験したことをきっかけに、自分を厳しく見つめ、分析し、試行錯誤を繰り返し、「自分」という存在を凝縮して理解していったそうです。その自己探求が、引退後の人生の創業においても、とても有利に働いていると感じているそうです。陸上競技での種目転向だけでなく、引退後は、金融の仕事、コメンテーターなど全く異なる仕事にまで幅を広げているのは、まさに自己認識を続け、非連続なチャレンジで、才能を開発し続けている姿といえるのではないでしょうか。

マインドセットを変えると、才能は成長し、あなたも進化する可能性が生まれる

▼6章のエッセンス

・才能は変化するし、能力も伸びていくという考え方で才能は無限に成長していく。
・才能がないから失敗したのではなく、才能の使い方やトリガーの発動がうまくいっていないので失敗していることが多い。
・才能はポケモンのようなもの。才能の主人（オーナー）であるサトシ君側のマインドを持とう。

▼実践サポート自問リスト

・自分にはもっといろいろな才能があると思えていますか？
・できることの中でやることを選ぶのではなく、やりたいことを実現するために才能を使うという視点は持っていますか？
・失敗した時に、才能の使い方のせいではなく、才能が欠如していたせいだ…と考えてしまってはいませんか？

7章　才能を圧倒的に使いこなす 10 のトレーニング・メソッド

本章では、私が才能のパーソナルトレーナーとしておこなっているトレーニング・メソッドの中から、10の方法を紹介します。

その前に、自分の才能を圧倒的に使いこなすために大切な3つの視点をお伝えします。

1つ目は自分の才能をアレンジすること。2つ目は他者の才能も活かして使いこなすこと。3つ目は才能を圧倒的に使いこなし続けるためのマインドセットです。

1 自分の才能をアレンジする

才能のボリューム調整

自分の才能は、時と場合と人間関係によって、大中小と、ボリュームを使い分けていくという視点を持ちましょう。例えば、「これからの行き先を示せる・リーダーシップがある」という才能がある人の場合、「大」のボリュームで発揮したほうが役立つのは、緊急な状況時などでの指示出しです。しかし、コミュニティの顔合わせといったシーンでは、いきなり「大」のボリュームでリーダーシップを発揮してしまうと、「まだ、誰もそんなことは求めていないのに…」「勝手に仕切りはじめて、何なのこの人？」など、場の空気を壊すことにつながってしまうかもしれません。そういう状況では、「小」や「中」のボリュームで、まずは様子を見ながら、「行くべき方向性を何パターンかさりげなく示唆する」といった使い方をすることがベターな場合もあります。このように、自分の才能を圧倒的に活かすためには、TPO に合わせて、ボリューム調整する意識が大切です。

才能のフォーメーションを変える

誰もが、複数の才能を持っています。自分の才能の中から、トップ 5 でアイドルユニットを組んでいるようなイメージをしてみてください。
この曲には、どのメンバーをセンターに置いて、どんなフォーメーションを組めば、ベストパフォーマンスができるのか、そんなアイドルのプロデューサー目線で、自分の才能を俯瞰してみましょう。
「この場面なら、この才能を中心に置いて、他の才能は脇で支えるようにフォーメーションすれば、一番良い仕事のパフォーマンスが発揮できそう！」

そんな視点を持っておくことで、様々な環境やシーンによって、いろいろな自分のあり方を表現することも可能になります。これも才能の活かし方です。家庭と職場では登場する才能が違ってもいいですし、仕事のチームとプライベートの集まりでは、センターの才能が違ってもいいのです。

状況や役割に適応して、才能のフォーメーションを変え、ボリュームも大中小と変えることができるようになれば、才能の使い方には、とてもたくさんのバリエーションがあることに気付くでしょう。

ダイナミクス：自分の持っている他の才能と掛け合わせる

自分の才能と才能を掛け合わせることによって、別の色の才能が出てきます。料理で例えると、卵という素材ひとつとっても、卵×明太子＝明太子だし巻き、卵×しょうゆ＝卵かけご飯、卵×ごはん×ケチャップ＝オムライス、卵×寿司×海鮮＝ちらし寿司（卵は錦糸卵）というように、どの素材と掛け合わせるかで、卵そのものの味や食感、役割は変わります。この掛け合わせていく行為をダイナミクスと呼びます。

ダイナミクスは、才能を圧倒的に使いこなしていく上で大原則にもなる、とても大事な考え方です。**才能は足し算ではなく、掛け算で力をより発揮していくことできます**。3 × 8 = 24、3 × 9 = 27、というように、X × Y = Z という数学の方程式を作っていく感覚と一緒です。

例えば、以下のような才能を持っている人の場合で考えてみましょう。

- ・知識の吸収（知的好奇心の強さ）
- ・工夫する
- ・情報を収集する
- ・喋り続ける
- ・相手の特性を見抜く

（1）メインで掛け合わせる才能を決める
例：メインの才能＝「知識の吸収」

（2）他の才能と掛け合わせると、どんなふうに、才能が表現されるのかを考えていく

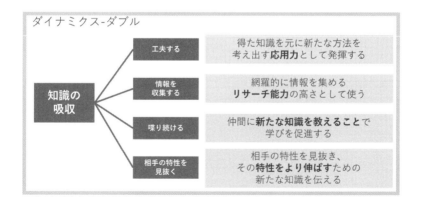

このように、作り出すプロセスはとてもシンプルです。

「知識の吸収」という才能ひとつでも、他の才能と掛け合わせていくことで、応用力として使ったり、リサーチ能力として使ったり、教える力、伸ばす力として使ったりすることも可能になります。どんな才能を持っているのかは、人によって全く違いますが、その掛け合わせ次第で、様々な組み合わせを作ることが可能です。

ただ、ほとんどの方は、いつも特定の掛け算しか使っておらず、全く使ったことのない掛け算のパターンを眠らせているケースがとても多いです。

覚えておいていただきたいのは、**自分がすでに持っている才能を掛け合わせるだけで、数多くのバリエーションがある**、ということです。様々な掛け合わせを試し、バリエーションを増やして、新たな自分の強みをどんどん見つけていきましょう。

2　他者の才能も活かして使いこなす

あなたの「不得意」は誰かの「得意」

他者認識が深まっていないと、自分が「面倒だ」とか「やりたくない」といった仕事は、他者にとっても面倒で、やりたくないことではないかと思ってしまいがちです。しかし、これまで見てきたように、一人ひとり全く違う才能、トリガー、内発的動機を持っています。あなたが「この仕事は微妙だ、面倒だ、大変だ」とか「こんな役割ではやる気が出ない」と思っていることでも、他の人にとっては、「この仕事はとてもやりがいがある」「やる価値を感じられる」「やる気に溢れる」ことである場合も多いのです。

- **あなたの不得意な「入力作業・資料作成」**
  「精密にアウトプットする」を才能として持つ人にはいとも簡単な作業として捉えてくれますし、「習慣化」を得意とする人であれば、嬉々としてやり続けてくれるでしょう。
- **あなたの不得意な「計画を考えてから実行する」**
  「熟慮」が才能の人にとっては大好物だと喜んでくれますし、「先を見通す力」を持つ人に頼めば、あっという間に素晴らしい計画を作り上げてくれるでしょう。
- **あなたの不得意な「大勢の前でのプレゼン」**
  「巧みな言葉の表現力」を才能に持つ人にお願いすれば、喜んで人前に立ってくれますし、「ビジョンを描く力」が得意な人に助けてもらえば、多くの人に未来の希望を与える結果を出してくれるでしょう。

このように、あなたの「不得意」は誰かの「得意」になりえるのです。

「他力」を使う前提で仕組みを考える

自力 VS 他力

才能を使いこなす上で大事なのは、自力と他力のバランスです。**「自力」**で自分の才能を活かしパフォーマンスしていくのか、**「他力」**で他者の才能や環境、仕組みを活かし、ハイパフォーマンスにつなげるのか、という視点の違いです。

「自力」は、自分自身の才能に投資し、新たな知識や技術を身に付けたり、才能を磨くための経験を積む、才能をコントロールする方法を身に付ける、といったトレーニングによって、「自力」で解決する力が高まります。「他力」は、自分の才能の自己認識をした上で、積極的に自分の不得手な領域では他者の才能を借り、自分の才能から出る弱みを抑えるために、他者の才能で補完し、仕組みや環境で解決します。

3章でもお伝えしましたが、皆さんの才能はある領域ではとても秀でていて、その秀でている部分があるがゆえに、ある部分では凹んでいます。その凹んでいる部分を欠点として捉え、全て克服しようとする思考に陥ると、ニベアちゃんの悲劇のように、欠点を埋めるもぐらたたきゲームが無限ループしてしまいます。

そのループを断ち切るためにも、自己認識力を高め、才能によって発揮できる最大の価値にフォーカスする必要があります。「これをやったら、人

欠陥を埋めるもぐらたたきの無限ループ

が喜んでくれそう」「これでいっか」といった置きにいく価値としてのセカンドベストではなく、あなただけが出せる（であろう）「最も」貢献できる価値としてのベストを追求することです。

「自力」も「他力」もどちらも重要です。状況に応じて、「自力」「他力」どちらにより多く投資していけばよいのかを見極める、自己認識力の高さが鍵になります。「自力」のみに依存してしまえば、セカンドベストに向かってしまったり、欠点克服に意識が向き過ぎてしまうこともあります。逆に「他力」のみに依存してしまえば、「この人がいないと何もできない」というような、他者にべったりの悪い意味での依存関係にもなってしまいます。あなたの弱みなど積極的に諦めることをまず決め、「他力」に頼れるところを探し、フォーカスすべき価値は「自力」で磨いていきましょう。同時に、他者認識を高めていけば、あなたの才能を使い、他者の弱みをサポートすることもできます。このような才能同士の貸し借りによって、お互いのパフォーマンスを上げていきましょう。

才能を掛け算にして、他者とコラボレーションする

才能は、自分一人だけで最大限に発揮できるということは、ほとんどありません。全ての人は他者との関わりの中で生きているからです。

できれば、枯渇しないエンジンのように自分の才能を最大限に使いまくり、相手の才能も最大限に活かしていきたいですよね。

ただ、自分と他者、お互いの才能や強みを知っていたとしても、実際は、妥協案でまとまってしまうこともよく起こります。これは、それぞれの才能をお互いに開発していけるとは考えず、お互いに適合するところだけを一緒にやっていこうと考えてしまうことが理由です。これでは、せっかくのお互いの才能を活かしきれず、もったいないことになりがちです。

例えば、「閃きがピカイチで、思いついたことをすぐ言葉にできる」という才能を持っているAさんと、「責任感があり、約束できることだけを言葉にする」という才能の持ち主Bさんの場合。Aさんは、Bさんの前で思いついたことをペラペラ話すと、「それ、本当に実現できるんですか?」といつも指摘ばかりされるので、段々、Bさんの前では消極的になっていき、思いつきも話さないようになってしまいました。

一方、Bさんからすると、Aさんの話は、本当に責任を持って実現しようとしているのかどうかが不明瞭なため、とりあえず話半分で聞いておいて、最後に「それで、どうするんですか?」と問いかけるスタンスをとってしまっていました。

このケースは、お互いの才能を最大限に活かしあっていないですし、お互いの才能を使って、それぞれの弱みを補いあってもいません。つまり、お互いの能力を低め合っている=妥協案に落ちついてしまっているのです。

実は、他者の持っている強みを活かすことは、自分の才能をより活かすことにもつながります。他者の才能を最大限に活かし、思う存分自分の才能も発揮する。その才能の掛け算が、両者のコラボレーションを生み出し、自分だけでは超えられない領域に達することを可能にするのです。

才能の掛け算をしていくために必要なのは、自分の才能の限界を少しでも突破できそうなことに挑戦してみようという姿勢です。この考え方は自分の「才能を固定化せず、伸ばしていく」というグロースマインドセットそのものです。

先ほどの閃きがピカイチの才能を持つＡさんと、責任感のあるＢさんが、才能の掛け算をしようとしたら、どんなことが起こるでしょう。Ａさんの視点では、「せっかく責任感のあるＢさんと組むのだから、アイデアを実現していくプロセスの具体化、アイデアが実現する上で起こる既存の役割との衝突について、擦り合わせできるような壁打ちをしてもらおう」と考えます。一方、Ｂさんの視点としては、「私が自分の役割にこだわり過ぎてがんじがらめになっている時には、思い込みを外してくれる発言をしてくれるＡさんを頼ろう」と考えます。両者がこのような考え方ができれば、お互いの才能を掛け算して、サポートしあいながら、自分の才能を超えた挑戦に向かっていくことが可能になります。

※他者とのコラボレーションの具体的な方法については、トレーニング10で詳しく解説します。

3　才能を圧倒的に使いこなすためのマインドセット

才能を圧倒的に使いこなすためには、「純然たるやりたいという気持ち」をとにかく優先してみましょう！「できるかどうかはあとからついてくる」くらいの気持ちで、とにかく自分を信じて、やってみたいことに挑戦してみることです。「自分の才能は常に変わり続ける」…このグロースマインドセットを持ちながら、どんどん挑戦し、その結果を経験へと昇華させていくことで、才能はどんどん進化していくはずです。

「自己認識 ➡ チャレンジ ➡ 自己認識」の好循環ループを続ける

自分のやりたいことにチャレンジする！それはもちろん素晴らしいことです。しかし、この場合にも、「自己認識」の高さはある程度重要です。「なぜ、やりたいのか？」という理由が内発的動機ではなく、「世間体を気にした結果」や「名誉が欲しいから」ということから来ていたり、「リアリティを無視し過ぎた暴走」や「ちょっと無理があり過ぎるアクション」など、自身の才能についての自己認識が低い場合は、無謀なチャレンジになってしまうからです。

そのため、私は、「自己認識をしっかりとした上でチャレンジし、またその結果を自己認識する……」という好循環ループを続けることをオススメしています。

自分の才能を過信し過ぎた挑戦ではなく、適度な挑戦をすることにより、あなたの才能は開花していきます。また、自己認識を高め、「こうなりたい未来の自分のために、この才能をこのように使ってみよう」などと目的と仮説を持った上で行動に移せば、快適なゾーンから抜け出してでも、目

的を達成しようとする気持ちがきっと芽生えてくるはずです。

失敗した経験は才能開発に効く

才能には、先天的な才能（資質）と後天的な才能（資質）があります。その中で、後天的な才能ができあがる過程には、「大きな成功」や「大きな失敗」が関係していることも多いです。ちなみに後天的な経験が才能として完成するのは、12歳以上の思春期での出来事が多いです。人間の脳には、成功の喜びを感じると「またそれを経験したい」と望み、その行動パターンを続けて強化していこうとする性質があります。一方、失敗の経験も、脳が「二度とこんな思いはしたくない」と感じることで、その感情を回避するための行動を強化するということが起こります。大成功の経験から得られた才能は認めやすいのですが、大失敗というトラウマ的な経験が才能のきっかけになっていることは、認めにくいものがあります。

例えば、Pさんという方は「周囲の感情を察知する社会的認知能力」という才能を持っています。目で見ずとも、周囲の人達がどんな感情なのか、どんな雰囲気なのかが手にとるようにわかる能力です。Pさんの幼少期はご両親が不仲で、家ではしょっちゅう夫婦喧嘩をしていたそうです。子どもながらにその空気を感じ取り、不穏な空気を察知したら自分の部屋に避難する、両親の地雷を踏まないように気を付ける、ということを学ばないと自分にも危害が及びかねないような状況だったため、生きる術として身に付けてきたことでもあったのでしょう。このPさんの「周囲の感情を察知する社会的認知能力」を作り上げた原体験は、トラウマやネガティブな経験として存在していますが、Pさんの今の才能を作り上げた大切な経験でもあるのです。

このように、才能は、過去のマイナス経験から生まれていることも多いの

です。失敗やトラブルを避けられるように、トラウマを二度と体験しないようにと、脳が過剰に学習し、思考・感情・行動のパターンが最適化され、才能として使えるようになったケースです。

あなたがこれまで成功してきた経験も失敗してきた経験も全て、才能へと昇華させていくこともできるのです。過去の失敗やトラウマは、できればフタを開けたくない経験ではあると思いますが、皆さんの人生の大切なリソース（資源）にもできるのだということを頭の片隅に置いておいてください。

ピンポイントな完璧さを目指す

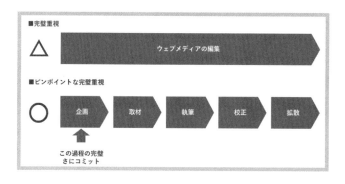

才能を伸ばしていく上で、「完璧な結果を出さなければ」と思い込むことは、決して望ましくありません。サッカーでいうと「必ず勝つ」、営業であれば「何があっても売上を達成する」、プロダクト開発であれば「プロダクトを絶対に成長させる」などです。大きな結果ばかりに目を向けてしまうと、才能をどう活かすかという点にフォーカスしづらくなります。かつ大きな結果を必ず出せるとは限らないため、才能が発揮された直接的な結果を見落としがちにもなります。**才能を伸ばす上で大事なのは、ピンポイントな完璧さを追求し、ピンポイントでの成功を積み重ねることです。**

ウェブメディアの編集という仕事をしているFさんを例にして、詳しく見ていきましょう。ひとくちにウェブメディアの編集といっても、分解すると様々な工程があります。企画の過程では「どんな記事を作るのかを練り」、取材の過程では「インタビューして本質を聞き出し」、執筆の過程では「わかりやすい記事として書き上げ」、校正の過程では「クオリティを最終調整し」、拡散させる過程で「SNSと連携させていく」などです。

Fさんは、編集という仕事の全工程の中でも、特に企画する力には絶対の自信を持っていて、他の人にはない着眼点で斬新な企画をポンポン生み出すことができる人です。一方、執筆や校正は人並みにはできるが、そんなに得意でも好きでもないという自己認識を持っています。この場合は、得意領域である「完璧な企画作り」にコミットします。企画の工程においては、完璧 of 完璧を目指すのです。つまり、「全体としての完璧さ」ではなく、「ピンポイントな完璧さ」を追い求めることが重要なのです。

他にも、いくつか例をご紹介します。

- **・「全体像を把握し未来のイメージを鮮明にする」才能を持っている営業職Aさん**
  営業職であっても、「売上目標を必ず実現する」という完璧さではなく、「クライアントへ提案する戦略策定」におけるピンポイントな完璧さに集中する。（ヒアリングやプレゼンは二の次でOK）

- **・「アドリブを利かせた判断力と柔軟性」の才能を持つ看護師・救命救急士Mさん**
  看護師として、「患者を必ず回復させる」という完璧さではなく、救命救急士として、「トラブル発生時の判断」の精度と「即座に指示を出す」反応の速度に集中する。

・「足の速さと相手の裏を突く読み合い」が得意なサッカー選手 R さん

フォワードとして、「試合で必ず点をとって勝利させる」という完璧さではなく、「ディフェンスの裏を突いて飛び出しシュートにつなげる」までという完璧さに集中する。

「最終的な結果は無視するの?」「それで本当に大丈夫?」と思われるかもしれませんが、そんなこともありません。これは私自身の経験でもあり、これまでコーチングしてきたクライアントにも起こっていったことですが、ピンポイントな完璧に集中することで、最終的な結果にもつながる可能性はぐぐっと高まるのです。才能を発揮できる業務や過程にピンポイントで集中することで、瞬間的な全能感が味わえ、IQ(考える力そのもの)も向上し、様々なアイデアも湧き出てきます。その力が、他の過程にも良い影響を与え、結果的に全体のパフォーマンスや結果も良くなっていくことが多いのです。

「成果志向」と「学習志向」の両軸で才能を活かす

仕事や技術の習得において、「ここはできるようになった、これとこれは身に付いた」と現状から進捗を捉え、加点式に考えるタイプの人がいます。一方、「ゴールまであとこれくらいだ。まだ成果にはこれだけ足りない」と、ゴールから逆算して進捗を捉え、減点式に考えるタイプの人もいます。

これは、「学習指向」(加点式)と「成果指向」(減点式)の違いとして分けることができます。

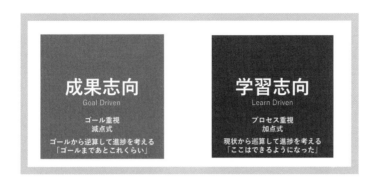

つまり、物事をどのように認知しているのか、という認知の仕方の癖の違いです。「学習志向」と「成果志向」では正反対の出方になります。特に才能を使いこなす上で重要なのは、「学習志向」です。

例えば、英語のテストを2回受けて、1回目では40点、2回目では70点を取ったとします。この場合、「成果志向」で見るか、「学習志向」で見るのかで認識の仕方が異なります。

「成果志向」では

- 1回目の40点のテストでは、「100点まであと60点何が足りないんだろう？」「何が弱点なんだろう？」といった具合に、100点という成果を意識できているからこそ、成果との差分を明確に認知しやすいのです。
- 2回目のテストでも、「あと30点は何ができていないんだろう？」「どうすれば、あと30点伸ばせるのか？」というように、ゴールまでの差分を意識することができます。

「学習志向」では

- 1回目の40点のテストでは、「何ができたから、40点取れたんだろ

う？」「今、何は理解できているんだろう？」と、できていることの方に目が向きます。

・2回目のテストでは、「1回目から+30点は、更に何ができるようになったんだろう？」「どうすれば、このできることを活かして、100点にたどり着けるだろう？」というような問いを持つことができます。

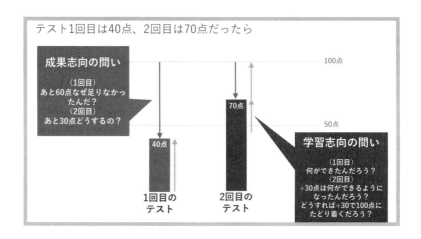

テスト1回目は40点、2回目は70点だったら

成果志向の問い
（1回目）
あと60点なぜ足りなかったんだ？
（2回目）
あと30点どうするの？

学習志向の問い
（1回目）
何ができたんだろう？
（2回目）
+30点は何ができるようになったんだろう？
どうすれば+30で100点にたどり着くだろう？

40点
1回目の
テスト

70点
2回目の
テスト

100点
50点

■「成果志向」と「学習志向」の違い

・成果志向は、成果に着目しているので「できていないところ」に目が向きがちになる。学習志向は、プロセスに着目しているので「できているところ」に目を向けられる。

・成果志向では、課題や不足点、欠点に目が向きがち。学習志向では、伸びしろや充足点、強みに目が向きがち。

・成果志向は、身に付けていきたい新たな技術や知識には目が向くが、すでに身に付けられていること、できることは見落としがち。学習志向は、すでに身に付けられていること、できることには目が向くが、新たな技術や知識の習得や成果を見落としがち。

弱みのところでも触れましたが、才能は強みにも弱みにもなるものです。そのため、**「持っている才能に対して正しく認識していく」**ということが、才能の活かし方としては重要です。だからこそ、才能そのものを伸ばしていく上では、「何がすでにできてしまっていることなのか？」「これができるのは、何の才能を持っているからなのか？」に着目できる学習志向のほうが、圧倒的に機能しやすいのです。

■「成果志向」と「学習志向」は両輪で機能し始める

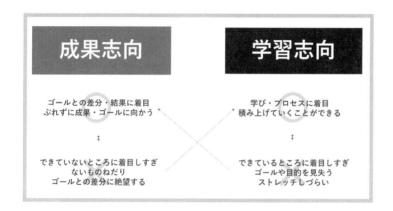

ここまでのお話ですと、成果志向は悪いものという見え方になりがちですが、そんなことはありません。「成果志向」にも、良いところと扱い方に注意が必要なところがあり、「学習志向」にも良いところ、取り扱い注意なところがあります。そのお互いの良いところを活かし合うためにも、「成果志向＆学習志向」の組み合わせこそが大事になります。

以下の問いを参考にしながら、「成果志向＆学習志向」の両輪で、全体を捉えられるようになりましょう。

■「学習志向」で、成果を見失っている、チャレンジ感を得られない時には、「成果志向」の問いを立てる。
「ゴールに対して、まだ何ができていないんだろう？」
「ゴールまで、あとどれくらい距離があるんだろう？」
「ゴールにたどり着くには、どんな変化や成長が必要だろう？」

■「成果志向」で、停滞している、ネガティブになっている時には、「学習志向」の問いを立てる。
「何はできているだろう？」
「どこか1mmでも進捗しただろうか？」
「前回から少しでも変化・成長したところはどこだろう？」

才能を伸ばす鍵は Love What You Do

Do What You Love　好きなことをやろう。
Love What You Do　今、やっていることを好きになろう。

才能を伸ばしていくには、この2つの物差しが必要だと、私は考えています。

「Do What You Love」は、「好きなことをやろう」という考え方です。一

度きりの人生、自分の好きなこと、愛せる仕事に出合い、それに没頭できることは、もちろんとても大事なことです。ただ、この考え方だけに囚われてしまうと、才能の使い方を間違えやすくなりますし、自分の限界を決めてしまうことも起こり得ます。

「好きなことだけをやり続けよう」
「好きじゃないことはやらない」
「今の自分にとって快適な環境に身を置き続けよう」
「苦手な環境からは離れよう」
「自分の才能と相性の良い人を探そう」
「自分の才能に合う適職を見つけよう」
などなど、このような考えだけに偏ってしまうのです。これは才能を伸ばす、使いこなす上では、とてもリスキーな考え方です。この考え方の根本にあるのは、自分の意志中心ではなく、才能を中心に決めている状態です。

この考え方の逆にあるのが、「Love What You Do」です。好きなことをやろう、ではなく「(今) やっていることを好きになろう」という考え方です。

そうすると、
「今の仕事に自分の才能をうまく適応させるには、どうすればいいんだろう？」「この新しい環境にフィットするために、何を変えればいいだろう？」「一見すると相容れない他者の才能と、どうすればうまく付きあえるだろう？」「どうしたら目の前の仕事を心地よくできるだろう？好きになれるだろう？」
といった問いを立てることが可能になってきます。

目の前のことに自分の才能を使う工夫をしていくことで、才能を成長させる機会として捉えることができますし、結果的に目の前の仕事でハイパ

フォーマンスを実現できたり、好きになることも起こり得ます。

「Love What You Do」は、「Do What You Love」に縛られてしまうと実行することができません。

改めて強調しておきたいのは、「Do What You Love」がダメだということではありません。どちらもとても大事な考え方です。ただ、「Love What You Do」の「目の前の仕事も好きなことにできる」という才能を使いこなす力を持った上で、「好きなことを選んでいこう」という両方をうまく使っていくことが、皆さんの成長の幅を広げていきます。

才能の奴隷となっている状態では、才能によって快適なこと、才能が向くことだけを選択していこうとするため、「Do What You Love」の考え方に陥りがちです。才能のオーナーとして才能を使いこなすことを意識していけば、「Love What You Do」であなたの才能を使って、目の前の仕事を最高の仕事に変えることができます。

好きな仕事だから才能が使えている

才能が使えているから好きな仕事にできている

私は、クライアントにもお伝えさせていただいていることですが、**「好きな仕事だから才能が使えているのではなく、才能が使えているから好きな仕事にできているのだ」**と捉えています。

これからますます、仕事の内容や職業が変化していきます。これまで存在

していなかった仕事が生まれ、既存の仕事は消滅するものもあります。環境もシステムも、今は想像し得ないくらいに変わっていくこともあるでしょう。そういう時代の中で、「確固たる仕事・環境・才能を見つけよう」という姿勢だけでは、脆さを含むことになります。それは自分の才能を固定化する考え（過小評価）であり、固定化された自分の才能に合わせた外部環境や仕事ばかりを探してしまうことにつながります。新たな環境やシステムに適応する姿勢を持ち続けることが、21世紀を駆け抜ける上での鍵になります。

「Do What You Love」と「Love What You Do」
この2つの物差しを持って、自分の才能の過小評価にハマらず、才能を使って新たな可能性を切り開き、新しい時代に適応していきましょう。

才能を使えているから、
好きな仕事にできている

▼7章のエッセンス

・才能を圧倒的に使いこなすために、自分の才能をアレンジしたり、自分の複数の才
　能を掛け合わせたりしていく。
・才能を圧倒的に使いこなすためには、自分の才能の使い方だけでなく、他者の才能
　の使い方も重要になる。
・才能を圧倒的に使いこなすためには、グロースマインドセットと自己認識に基づい
　た適切なチャレンジが必要である。

10 のトレーニング

次ページからは、才能を圧倒的に使いこなすための具体的なトレーニング＆メ
ソッドを紹介していきます。トレーニングを通して、あなたの才能をより高め
ていくことが可能です。ただ、重要なのはそのトレーニングの目的です。欠点
を埋めるためではなく、あなたの最大の強みを作り、その強みを高めるために
使うことを意識してください。

※本書で紹介されているワークシートのいくつかは、ダウンロード可能です。
詳しくは巻末にあるダウンロードサイトの情報をご確認ください。

トレーニング1：才能のボリューム調整

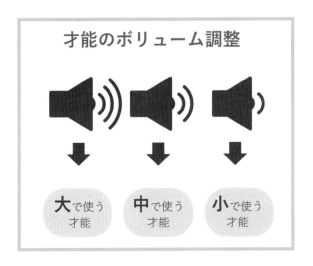

才能の使い勝手がとても上がる効果的なメソッドです。自分の才能に
ミュージックプレイヤーの音量のボリュームを調整するツマミを付けるよ
うなイメージを持ってください。どんなに素晴らしい音楽であっても、毎
回、イヤフォンに超爆音で流されると、それはただの雑音や迷惑音になっ
てしまいかねません。これは才能を弱みとして使っている状態と一緒です。
才能においては、この「爆音状態一択」で使っている人が多く、残念な結
果になるケースがとても多いのです。才能のボリュームを、大、中、小で
認識していくと、ひとつの才能にも複数のバリエーションがあり、出し方
次第で効果が変わる、ということがわかってきます。「こんなシーンでは
小で使おう」「こんな時には大でアクセルベタ踏み」というように、状況
に合わせて、使い方を変えていきましょう。

■トレーニング

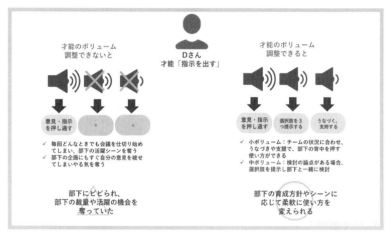

（1）自分の中の才能を一つ選ぶ。

例：Dさん

【才能】「指示を出す力」（物事の方向性を明確に決める力であり、他者に干渉する能力も備わっている）

Dさんは、IT企業でマネージャーをされている方です。この「指示を出す力」によって、チームの方向性を明確に指し示し、強いリーダーシップを発揮していました。しかし、部下を萎縮させてしまったり、強制感が出過ぎてしまったり、意見の強さゆえに活発な議論がしづらい、という逆効果が出ていました。

（2）その才能の大、中、小それぞれで、どんな使い方になるかを考える。

　・大：会議をファシリテーションする

　・中：選択肢を3つ提示する

　・小：うなずく、支持する（一言で背中を押す）

（3）大、中、小それぞれ、どのようなシーンで使えるのかをプランニングしておく。

- 大：会議をファシリテーションする ➡ 仕切る人がいない時の会議、トラブルが起きている時
- 中：選択肢を３つ提示する ➡ 自分の考えや意見は持っているが迷いのある部下との壁打ち
- 小：うなずく、支持する ➡ 明確に「これをやりたい！」と言っている部下との１on１では、うなずいたり、支持することで背中を押す

他にも、これまでご紹介した才能では、こんなボリューム調整が可能になります。

【才能】「喋り続ける」（話していると、人を魅了する言葉がどんどん頭の中に湧いてくる）

- 大：プレゼンする、講演する
- 中：ポイントを絞って要点だけ伝える
- 小：オウム返し＋一言コメントする※相手の言葉をオウム返しで繰り返しつつ、一言気の利いたコメントを付け加える

【才能】「イメージを表現する」（相手の琴線に触れる表現ができる）

- 大：完璧な広告やコピーを作る
- 中：Instagramに写真を載せる、一人でお絵かき
- 小：チャットの返信は即席イラストでバックする

この方は、「イメージを表現する」という、クライアントとの打ち合わせや企画段階では、テーマに合わせたイメージが溢れ出てくる才能を持っています。広告作りやコピー作りではとても重宝される才能です。
しかし、大ボリュームの使い方しか頭になく、どこかれ構わず広告やコピー

作りをしてしまい、まだ準備のラフ案の段階で完成度の高い広告を徹夜を
して仕上げてくる、というような働き方を繰り返していました。才能を大
ボリュームでしか使えないことで、準備段階で必要以上の時間を使ってし
まったり、睡眠時間を削って自身の身体に鞭打って働いたりと、体調を崩
す限界ギリギリの状態でした。

そこで、このボリューム調整の考え方を伝え、一緒にトレーニングに取り
組んでいきました。その結果、仕事だけではなくプライベートで、Insta-
gram に写真や一人で自由にお絵描きした作品を載せる、といった比較的
簡単にできる中ボリューム、チャットでの返信にはイラストをすぐ描いて
送るという小ボリュームを作ることができました。このプロセスの中で、
この方はシーンに合わせた適度な才能の使い方を身に付け、結果、仕事で
も効率を意識したボリューム調整ができるようになりました。

このように、ボリューム大〜小の３つを設定し、様々なシーンで使えるよ
うに試していきましょう。様々なシーンで、才能をうまく使える感覚を掴
めるほど、才能のオーナーとしてのコントロール感が出始めます。より応
用的に使いたい人は、ボリュームを５〜 10 段階に設定してみることで、
更に、才能の使い方は深められます。

トレーニング2：才能のフォーメーション

「才能のフォーメーションを変える」でお伝えした、自分の複数の才能や特徴をアイドルユニットのように捉えて、プロデューサー目線で、自分の才能をどんな配置で使えばいいのか、俯瞰して認識するトレーニングです。

ノートに書き出してもよいですが、今回はポストイットバージョンで説明します。

■トレーニング

（1）自分の複数の才能を、ポストイットにそれぞれ書き出して、並べます。

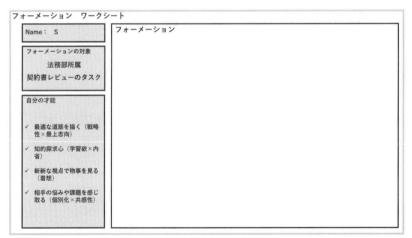

上のワークシートの左側にまずは必要な情報を埋めてしまいましょう。
※ワークシートはダウンロード可能です。

＜解説＞

- **フォーメーションの対象**：自分の仕事の中で、フォーメーションを作ってみたいタスクを決めます。（提案書作成、新規営業、クライアントとの打ち合わせ、など何でも OK です）
- **自分の才能**：本書を通して見えてきた自分の才能を書き込んでください。才能の言語化がしきれていない方は、ストレングス・ファインダーや VIA-IS 等の結果を使ってもかまいません。

＜事例＞

法務部に所属するSさん。Sさんは法務部の一員としておこなう新規事業の契約書のレビューという仕事を選択しました。事業部の新規事業を成功させるための契約書のレビューなので、事業部と打ち合わせをしながら、リスクを排除し、事業を成功させるための法律・規約論点を明らかにし、契約書へと落とし込んでいく仕事です。

（2）メインで使う才能（ポストイット）を１つ選び、ワークシートの中心に配置する。

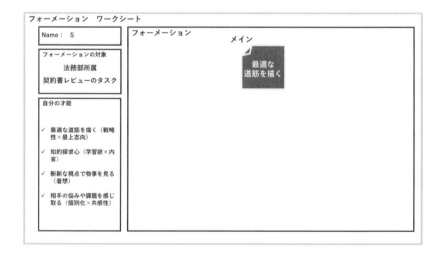

<解説>

フォーメーションの対象にした仕事を実際におこなっていることをイメージした時に、最もよく使っていると思う才能を1つ選びます。その才能（ポストイット）を右側の大きなスペース「フォーメーション」部分に配置します。配置する場所は感覚で決めてください。

<事例>

Sさんは、契約書のレビューをおこなう時、事業部側の事業内容や意図、狙いを聞きながら、地図を俯瞰しているような感覚で、サービスの一連の流れを描くという行為をメインでおこなっています。

➡「最適な道筋を描く」

（3）メインで選んだ才能に紐づく他の才能を配置し、関連を線でつなぐ。

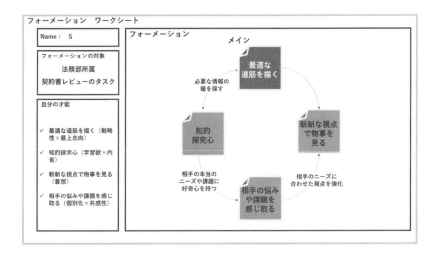

<解説>

・**才能の配置**：他の選択していない才能を、フォーメーション上に配置していきます。メインに置いた才能を軸にしながら、関係していそう

な才能、連携が深そうな才能を、自由に配置していきます。

- **矢印でつなぐ**：配置ができたら、才能と才能の関係を矢印で表現して
  ください。
- **つながりの意図を明記する**：矢印でつなげたら、その矢印ごとの関連、
  「○○して■■する」という相関の意味や意図、効果を明記します。

＜事例＞

Sさんは、「最適な道筋を描く」をメインで使いながら、「知的探究心」で
検討に必要な種探し（情報集め）をおこない、「斬新な視点で物事を見る」
と連携しながら、ぼんやり描けている道筋を異なる視点で捉え、道筋をブ
ラッシュアップしている、という関係性が見えてきました。また「知的探
究心」を使いながら、「相手の悩みや課題を感じ取る」才能で、事業部側
のメンバーへのヒアリングを丁寧におこなっていく、という関係も見えて
きました。

（4）才能の連携を更に深めてフォーメーションとして表現する

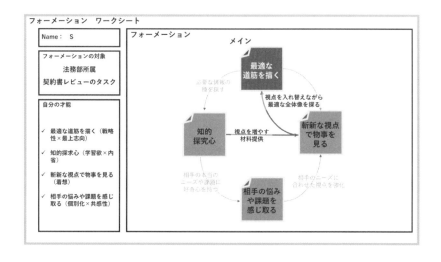

<解説>

できあがったフォーメーションを元に、対象にした仕事を実行しながら、詳細に実際の流れとフォーメーションの連動の合致感が高いかどうかを確かめます。他にも連動している矢印や追加の意図があれば追記します（左図の太い矢印部分）。

<事例>

「最適な道筋を描く」「斬新な視点で物事を見る」はＳさんにとって、密接に関わっており、高速に２つを交互に使いながら道筋を描いているという関係性が見えてきました。また「知的探究心」で集めた情報によって、新たな視点が追加されるという関係性もわかってきたので、「斬新な視点で物事を見る」とのつながりも見えてきました。

ということで、完成したフォーメーションが以下になります。

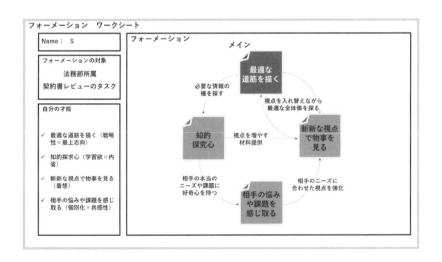

この事例は、ワークシート用なのできれいなフォーメーションになっていますが、実際はノートに手書きで書いたり、ポストイットをペタペタ自由

に貼ったりしながら作り変えていただいて構いません。実際に私がワークショップでおこなった時の事例をイメージとして記載しておきます。

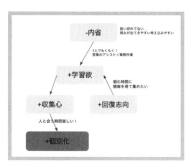
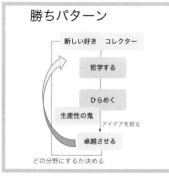

■効果1

俯瞰的に、実際の仕事に才能をどのように使っているのか、才能同士の関連を意識できるようになることで、才能の動かし方のイメージ、使い方がより深く理解できます。フォーメーションを作る過程の中で、自分の勝ちパターンが見えてきたり、弱みとして働く負けパターンも見えてきます。

■効果2

フォーメーションを何パターンか作っておくことで、シチュエーションや仕事、課題の種類に応じて、複数の才能を全く違うフォーメーションで

使っている自分を認識できるようになります。アイドルユニットも誰がセンターで歌い躍るかで、曲調や雰囲気が変わってしまうように、あなた自身も才能の使い方次第で、様々な自分を作り出すことができるようになります。

＜応用版＞

■**弱みの負けパターンを作る**：事例でお伝えしたのは、自分の強みとして使える勝ちパターン作りでしたが、弱みの負けパターンも作ることができます。その場合は、失敗経験や、苦手な人・苦手なシチュエーションを対象テーマにおいて、フォーメーション作りをしてみましょう。そうすることで、自分の才能がどのように弱み化しているのか、または特定の才能を使えていないから負けパターン化している、といったことに気付けるようになります。

■**パートナー or 他者も交えながらフォーメーションを作る**：この方法は、仕事であれば上司や同僚、プライベートであれば友人やパートナーと試してみると良いです。アイドルユニットでいうと、他のアイドルユニットとコラボして曲を一緒に出そうとしている状態です。その場合、他のアイドルユニットの特性や意図を知った上で、新たなフォーメーションを作り出していかないと、上手くいかないことがわかるようになるでしょう。

トレーニング3：才能をラーニングゾーンで鍛える

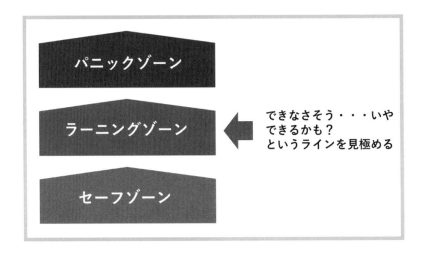

才能を少し背伸びさせる課題にチャレンジさせることで、才能に必要な経験値を作り出すための考え方です。

セーフゾーンは、その課題に取り組んでも、ほぼ100%に近いかたちで成功できる、うまくいく、というような状態です。工夫せずとも、新しい知識や技術を学ばずとも、努力せずとも、うまくできてしまうような状態です。

ラーニングゾーンは、その課題に取り組む中で、できそうな気もするけど、うまくいかない不安や恐れも抱えながら、新たな知識や技術を学ぼうとする意欲が高く、工夫や努力を惜しまないような状態です。

パニックゾーンは、その課題に取り組んでいても全くうまくできず、失敗ばかりで改善の見込みも見えない、もうどうすればいいのかわからない…

というような状態です。

例1：中学のサッカー関東選抜に選ばれている選手

セーフゾーン：中学生同士の試合に参加する
中学生のレベル感の中なので、うまくプレーできる。
ラーニングゾーン：高校生の全国常連強豪チームの一員としてプレーする
高校生のレベル感の中で、失敗も繰り返すが、自分の目指すプレーヤー像
もいて、学ぶことがとても多い。
パニックゾーン：ヨーロッパ超有名クラブのレギュラー選手とプレーする
プロのレベル感の中で、目の前のプレーで何が起こっているかわからない。
意図も汲めず、スピードにもついていくことができないため、思考停止。

例2：チームのマネジメントを任されて3か月のネット広告会社の営業部署のビジネスパーソン

セーフゾーン：元々一緒に働いていた気心知る営業2人のマネジメント
お互いの仕事のやり方も理解しており、信頼関係も築けているため、助け
合いながらうまく進められる。
ラーニングゾーン：5人の営業、5人のデザイナー、10人チームのマネジメント
営業チームのマネジメントは問題なくでき始めているが、デザイナーの仕
事については勉強しつつ、どのように異なる役割の連携を深めていくのか、
試行錯誤しながらマネジメントしている。
パニックゾーン：30人のデザイナー、Webディレクター、広告コンサルタントもまじえたチームのマネジメント
人数が多過ぎて、直接マネジメントではなく、リーダーを一人介しての間
接マネジメントのため、指示や連携がうまくできず、チームも混乱してい

る。どうしていいかわからない…。

あなたの才能には、あなたが思っている少なくとも 10 倍は、秘められた可能性が眠っています。その可能性を掘り起こすために必要なのがラーニングゾーンに才能を入れ続けることです。本来はあるのに使えていない特徴、まだまだ伸ばせる力など、そのホコリをかぶっている可能性にスポットライトを当てて、試行錯誤することで、才能は桁違いに成長を続けます。他のトレーニング・メソッドをいかに駆使しようと、セーフゾーンに才能を入れ続けていれば、なんとなくできている感覚の自分に酔いしれて、成長は止まり、ただ惰性で「こなす」だけになり、飽きが発生します。

大切なことは、いかにラーニングゾーンを見極め、ラーニングゾーンの中で、自分の才能を使いこなしていくための工夫をしていけるかどうかです。ラーニングゾーンでは、失敗への不安や理解できない出来事も起こり得ます。その環境下で工夫していくことが大切なのです。

■トレーニング

＜能力レベルを見極める＞
まずは、仕事における自分の能力が、どの段階にあるのかを見極めましょう。これがとにかく基本です。

例えば、
- 営業であれば、どんな難易度の商談なら、自分一人でも対応できて、どの段階からは一人では難しいのか。
- マネジメントであれば、何人までのマネジメントならできるのか、上位戦略のどこまでは策定ができるのか、どのスケールの経営戦略になるとわからないのか。

・サッカーのプレイヤーであれば、県大会レベルだったら高いパフォーマンスが発揮でき、全国大会レベルのサッカーにはギリギリついていける状態である。

といった具合です。

自分の現在地をしっかり認識できないと、今、自分は3つのゾーンのどこにいるのかを認識することができません。自分一人で考えるのが難しい場合は、上司や監督など、フィードバックをもらえる人から教えてもらいながら、現在地の認識をしていきましょう。

＜課題のレベルを上げ下げする＞
自分で実践する場合は、目の前の仕事にチャレンジ要素を入れてみることです。「いつも1時間かかっている仕事だけど、30分でやってみよう」「トレーニング1の才能のボリュームの小の使い方を、この仕事で意識してみよう」「いつも苦手意識があったDさんに話しかけて、一緒に仕事してみよう」といったチャレンジです。

もし部下やチームメンバーを持つ方であれば、一人ひとりの才能を把握した上で、取り組む課題のレベルを調整して、ラーニングゾーンに入れてみましょう。課題のレベルが高過ぎればパニックゾーンに入ってしまい、学習は止まりがちになり、無力感や諦めにつながる可能性が出てきますし、あまりにも簡単な課題になってしまうと、セーフゾーンに入ってしまい、安心の中で慣れや飽きが発生してしまいます。メンバーのレベルに合わせて、適切な課題を準備してあげることが重要です。

例：新卒1年目の営業担当の部下を持つ上司の場合
新卒1年目の営業担当であれば、最初は商品の知識もなく、ビジネスのお作法もわからないため、どんな商談にしていけばいいかわかっていません。

いきなり「新規営業に行ってこい！」で一人商談に臨ませてしまうと、パニックゾーンに入ってしまう可能性が高いです。そこで、関係が良好な既存クライアントへの営業活動をまずは任せ、営業活動に慣れてもらうことを意図すれば、ラーニングゾーンに入れるかもしれません。

＜サポートを活かす＞
自分で実践する場合は、「他力の重要性」を本章でも伝えてきたように、積極的にサポートを依頼していきましょう。自分の才能がゆえに出てしまう弱みを自己認識し、その弱みをサポートしてくれる他者を探し、巻き込んでみましょう。

チャレンジ要素の高い案件も、サポートをつけ、取り組む難易度を下げることでラーニングゾーンに入ることができます。「○○な状態になったら上司に相談する」「このフェーズになったら▲▲さんにヘルプを出す」「このツールを使うことで時間を短縮する」など、サポートや仕組みを工夫することで、サポートのレベルは上げ下げできます。

前述の新卒1年目の営業担当の部下と上司の事例であれば、新規営業に上司が同行しながら商談をして、商品説明とQ&A対応は部下自身でおこなうということにチャレンジさせてみます。適度な緊張感と上司からのサポートがあるため、部下はパニックゾーンになりがちな課題でも、ラーニングゾーンに入りやすくなります。

「if-then プランニング」（もし、◎◎だとしたら、●●）とは、社会心理学者のグラント教授が提唱した「目標達成や習慣化の方法」としても広く知られているメソッドです。（Heidi Grant『Nine Things Successful People Do Differently』2011,Harvard Business Review Press）

「if-then プランニング」は、日常生活や仕事で、自分の才能をもっと発揮できるシーンを増やしていくために効果的です。

■トレーニング

方法は至ってシンプルです。「もし、A をしたら、B をする」という決め事を作っておくだけです。例えば、「毎週月曜 9 時になったら、今週の to do を洗い出す」「夜歯磨きする時は、必ずサプリメントを飲む」「不測の事態が起こったら、深呼吸を 3 回する」というようなことです。

例えば、先ほどの以下の才能を持っている人の場合。

・知識の吸収（知的好奇心の高さ）
・工夫する
・情報を収集する
・喋り続ける
・相手の特性を見抜く

日常で起こり得ることと才能を、「if-then プランニング」で設定してしまいます。

「会議でわからない言葉が出てきたら（if）、情報収集する（then）」

「初対面の人と話す時は（if）、相手の特性を見抜くように意識する（then）。見抜きながら共通点を探す（then）」

このように、日常と才能を紐づけるパターンもあれば、才能と才能を紐づけていくこともできます。

「初対面の人と会ったら（if）、相手の特性を見抜き（then）、共通点を見つけて（then）、その共通点にまつわる知識を喋る（then）、またはその共通点にまつわる相手の情報を聞いて集める（then）」といった具合です。

このように、才能が連鎖して動いていく感覚も、「if-then プランニング」で作ることができます。

※トレーニング２：才能のフォーメーションにも応用できる考え方です。

トレーニング 5：弱みを発見するための「極悪人化」

弱みとは、「何かが欠落していること」で起こるのではなく、「才能の使い方が間違っていること」によって発生しています。ただ、「自分の才能が弱みになる」というイメージが湧きにくい方もいらっしゃると思うので、私が考案した「極悪人化」という手法でトレーニングしてみましょう。

■トレーニング

もし、あなたが、極悪人のようなひどい性格になったとします。極悪人のあなたは、人を不幸にしたいし、足を引っ張りたいし、傷つけたい……という想いに溢れています。負の感情に支配されている状態で、自分の才能を使って、どのように効果的に人を不幸にできますか？どのように、その人の仕事を失敗させられますか？思う存分、考えてみてください。

▼もし、あなたが極悪人だとしたら……

前述の佐藤マネージャーの「言葉で魅了する」「ベストを見極める」才能を題材にして例示していきます。

- **あなたが他者にとてつもない不信感を抱いている場合、あなたの才能はどのように過剰に現れますか？どのように他者に迷惑をかけますか？**

例：他者をあの手この手で問い詰めて疲弊させる、言葉でまくしたてて相手の話を一切聞かない

- **あなたは余裕もなく、とてもイライラし、目の前の人に八つ当たりをしたいと思っています。あなたの才能を使うと、どのように相手を不快にすることができますか？**

例：他者にとって最も言われたくない言葉を見抜き、あの手この手で悪口として伝える、嘘や事実を捏造して言葉で言いくるめる

- **あなたが他者の要望やニーズをふまえることなく、自己中心的に、自分だけが気持ちよくなるために、どんな才能の使い方ができますか？また相手のどんな機会を奪うことができますか？**

例：相手の発言シーンを奪う、自分だけが（喋り倒して）気持ちいい状態に浸る

- **あなたは大きな失敗をしてしまい、自分への信頼を著しく損ねてしまいました。あなたの才能はあなた自身をどのように執拗に傷つけてきますか？また、どのように責任や課題を厳しく追求してきますか？**

例：ベストを尽くせなかった理由を挙げ連ね、自分を責め立てる、自分を徹底的に卑下する、自分を貶める言葉を自分に浴びせまくる

この「極悪人化」での問いは、実は、あなたの弱みを見つけ出すための問いにもなっています。この例で書かれているような行動が、あなたにとっての弱みになります。

自分の弱みを発見するために、「極悪人」になった気分で、取り組んでみてください。
(あくまでトレーニングですので、「自分ダメダメじゃん……」「凹む……」など、落ち込まないように気を付けてください（笑）。

5章でもお伝えしたように、**才能には才能を発動するためのトリガーがあります**。その考え方と同じで、**あなたの才能が弱みとして発揮される時にもトリガーは必ずあるのです**。

　例えば、私の場合、「作業中に『知らない知識やスキルに出くわす』」ということは弱み化のトリガーになります。私は知的好奇心がとても強く、新しい知識や技術に触れることを好みます。その知的好奇心がトリガーとなり、「やると決めた分野を探求する」才能として現れます。しかし、才能という分野を深く探求する過程で、「才能の活かし方」について調査している時に、例えば、脳科学における新しい知見についての論文を見つけると、ついつい読みふけってしまい、更に次の論文を探してしまうなど、好奇心が脳科学の方ばかりに気を取られ、元々のゴールだった「才能の活かし方」の調査に向かわなくなってしまいます。そうすると、スケジュール通りに作業が終わらせられなかったり、調査内容が不十分で目的のアウトプットにつながらなかったり、といったことが起こります。
　これは「やると決めた分野を探求する」という才能が、「作業中に『知らない知識やスキルに出くわす』」という弱み化のトリガーによって、「一つのことに集中できない、好奇心が暴走して非生産的になる」という弱みを作り出しているのです。
　「作業中に『知らない知識やスキルに出くわす』」というトリガーは、**才能を発動する上でも大事なトリガーですが、使い方を誤ると弱み化のトリガーにもなってしまう**のです。

　また、焦りや不安という感情が、弱み化のトリガーとなって現れることも

あります。私は、研修やワークショップの仕事をする際に、事前に準備をし、こんな内容で学びを深めようというイメージを持ちながら、コンテンツを作り上げていきます。私の「やると決めた分野を探求する」才能も、準備中に、「本当にこれで大丈夫だろうか（不安）？」「本当にこの内容だけで十分だろうか？これも伝えたほうがいいんじゃないか？（焦り）」という感情が湧き上がってくると、「あの内容も伝えたほうがよい、やっぱりこれも伝えよう」という形で、コンテンツがどんどん膨大になり、結果、「探求し過ぎて、最も伝えたいことが伝えられない」といった弱みとしても現れてしまいます。このように、皆さんが日常生活の中で感じるネガティブな感情も弱み化のトリガーにつながるのです。どんな感情の時に、どのように才能が弱み化するのかも自己認識しておきましょう。

■トレーニング

自分の才能を一つピックアップして、以下の問いに答えていきます。

・あなたの才能から生じる「弱み」が現れる時には、身の回りで、どんな出来事が起こっていることが多いですか？
それは他者の行動がきっかけかもしれませんし、何らかの情報に触れた時かもしれません。どんな出来事があなたの才能の弱み化のトリガーになるのか、洗い出してみましょう。

・物事がうまく行かない時、あなたの中では、どんな感情が湧き上がってきますか？
一般的にネガティブに捉えられる感情としては、**「焦り」「怒り」「嫌悪」「恐れ」「落胆」「悲しみ」**などがあります。これらの感情が発生する時は、あなたが才能を弱みとして使っているケースが多いです。あなたにネガティブな感情を抱かせるものも手がかりにして、あなたの弱み化のトリガーを

探ってみてください。

例
・（才能）「他者の感情を読み解く社会的認知能力」
弱み化のトリガー：苦手意識を持つ人や初対面の人と話す時に不安が増す
弱み：才能が過剰に出て考え込み過ぎ、結局一言も発しない

・（才能）「言葉で魅了する」（言葉巧みな表現能力で、魅力的に伝えられる）
弱み化のトリガー：お酒が入ってしまうと、気が緩む
弱み：とにかく自分の好きなことだけを喋り倒して、相手を退屈させ関係
が冷え込む

・（才能）「指示を出す力」
弱み化のトリガー：納期に間に合わないという不安が頭をよぎる
弱み：頭ごなしに強引に指示を出して、チームメンバーに過度なストレス
を与える

トレーニング7：欠乏 ➡ 強みアプローチ

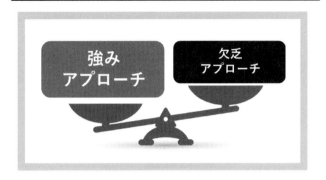

あなたが、自分の課題や欠点だと思ってしまうことを、認識を変えて、才能や強みとして変換するためのトレーニングです。「何かが欠落しているから起こっている」という欠乏アプローチではなく、「何かを持っているから起こっている」という強みアプローチで認識し直すだけで、リフレーミングできるようになります。

リフレーミングとは、ある枠組みで捉えていることを、別の枠組みで捉え直す行為を指します。「自分の弱みだな、欠点、課題だな」と思うことがあったら、アプローチを変えて、リフレーミングしてみてください。

■トレーニング

欠乏アプローチ　「何かが欠落しているから起こっている」
➡
強みアプローチ　「何かを持っているから起こっている」
にリフレーミングしていく。

case 1：夜になると、明日のタスクが気になり、頭がいっぱいいっぱいになって、寝付きが悪くなる

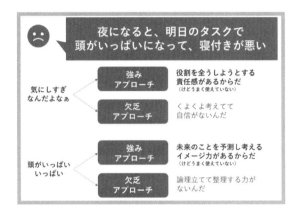

・気にし過ぎ
欠乏アプローチ「くよくよ考えてばかりで、私は自信がない人間だ」
強みアプローチ「役割を全うしようとする責任感があるからだ」
・頭がいっぱいいっぱい
欠乏アプローチ「論理立てて整理する力がないせいだ」
強みアプローチ「未来のことを予測して考えるイメージ力がある」

明日のことなんて一切考えておらず、翌日になってから、「あれをやってない、忘れてた！」と慌てる人もいます。他者認識を深めていくと、「自分は、明日のことを考えられているし、タスクを捉えることができている」という捉え方も可能です。強みアプローチでリフレーミングすれば、弱みに感じられる課題は、あなたの才能の材料になりえます。

case 2:起こること全ての欠点や問題ばかりが気になり、揚げ足取りになりがち

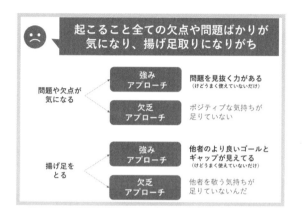

・欠点や問題ばかりが気になる

欠乏アプローチ「ポジティブな意識（気持ち）が足りていないなあ」

強みアプローチ「私には、問題を見抜く力がある」

・揚げ足取り

欠乏アプローチ「他人を敬う気持ちが足りていないなあ」

強みアプローチ「もっとより良いゴールと、そのギャップがよく見えているんだ」

「楽観的に考え過ぎて、問題があとで噴出し失敗する」という人も中にはいます。そういった人と比較すると、「理想やゴールを描く力が高く、そのギャップを問題として捉えることができ、問題に積極的に取り組むという主体性がある」という捉え方も可能です。

case 3：この意見を言ったら「こう思われるんじゃ」「気に障るかも…」「傷つけないかな…？」など周りの目を気にし過ぎてしまう

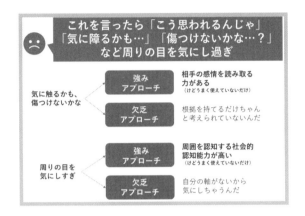

・「気に障るかも、傷つけないかな」
欠乏アプローチ「自分の意見にハッキリした根拠を持てるまで、ちゃんと考えられていないから、そう感じるんだ」
強みアプローチ「相手の感情を読み取る力がある」
・周りの目を気にし過ぎる
欠乏アプローチ「私には自分の軸がないから、周りを気にしてしまうんだ」
強みアプローチ「私は周囲を認知する社会的認知能力に長けている」

「人がどう感じているかを全く気にせず、結果的に様々な人を傷つける」「空気を読めないので、場違いな発言をしがち」という人もいたりします。そういった人と比較すると、「自然と周りや他者を気遣うことができ、尊重しようとする姿勢がある」という捉え方もできるようになります。

case 4:仕事をしていても、すぐ別のことが気になって、調べ始めたり、別のアイデアが出てきて、仕事がなかなか終わらず、とっ散らかる

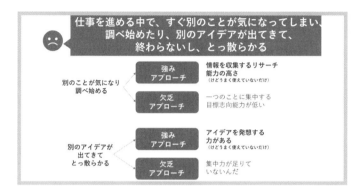

・別のことが気になり、調べ始める

欠乏アプローチ「私は一つのことに集中する目標思考能力が低いのだ」

強みアプローチ「私は情報を収集するリサーチ能力が高いのだ」

・別のアイデアが出てきて、仕事がとっ散らかる

欠乏アプローチ「集中力が足りない」

強みアプローチ「アイデアを発想する力がある」

中には、「ブレストなどで、アイデアを出す行為が全然できない」「検索したり本を読むのが苦手だ」という人もたくさんいます。そういった人と比べると、「当たり前に情報を集めるためにリサーチし、誰にもない視点でアイデアを発想する力がある」と捉えることもできます。

このように、弱みが出てきた時に、「それは強みでもある」と認識を変えていくトレーニングをしていきましょう。どうしても、「自分のことだと、なかなかそうは考えられない」という場合は、他者からの相談に答えるつもりで認識を変えたり、実際に友人などに手伝ってもらって、弱みを強みにリフレーミングする練習をおこなうのも良いでしょう。

トレーニング8：ストレングスリンク

ストレングスリンクは、自分の仕事を整理し、より効果的にハイパフォーマンスを実現する上での戦略を練ることができる実践的な方法です。紙を用意して書き込んでいってもよいですし、ワークシートをダウンロードして、PCに入力しながらおこなってください。

※ワークシートはこちらからダウンロードできます。
https://when-edged.me/saino-engine/

■トレーニング

(1) ワークシートに、「名前」「役割やミッション（ex：営業、チームマネージャー、販売職など）」「自分の才能」を記入する。

(2) 今、あなたがおこなっている仕事一覧を、箇条書きで書き出す。

(3)「才能」「スコアリング」に記入作業をおこなう。

「才能」の列に、それぞれの仕事を実行する際に紐づいている才能の番号を記入します。紐づかない仕事が出てきても OK です。

「スコアリング」の列に、仕事を実行している時の充足度や集中度を、10点満点で自己評価して点数を記入します。点数は「その仕事はどれくらい待ち遠しいと思っているか？」「実行している時に楽しさや集中状態に入

れているか？」を手がかりにフィーリングで入れて OK です。

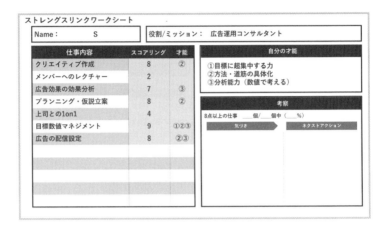

ここまでワークシートを埋めれば、今自分がおこなっている仕事一覧にお
いて、自分がどれくらい才能を発揮できているかが見えてきます。

(4)「考察」の気付きスペースを記入する。

「8点以上の仕事　個/　個中（　%）」に8点以上の仕事が全ての仕事の
数に対して何個あるのか、何%の割合なのかを計算して入れてください。

◎…0%以上：現在の仕事で才能が使えている度合いが高いです。才能に
　　紐づいている仕事がより増えるように努めましょう。

○…60%〜79%：8点以上の仕事を増やす、仕事に才能を紐づけてスコ
　　アを上げることで80%以上を目指しましょう。

△…59%以下：1〜7点の仕事を減らす/やめる、1〜7点の仕事に才
　　能を紐づけるなど、まだ才能を使いこなせるチャンスがたくさん残っ
　　ています。

仕事内容の一覧を見て、気付いたこと、良い点、改善したい点、アクショ
ンの方向性を記入してください。

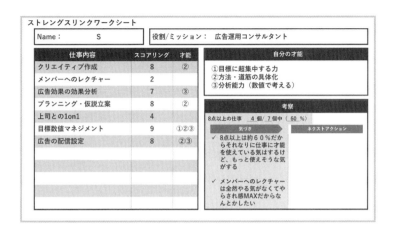

（5）アクションプランを記入する。

基本的な戦略は、①8点以上の仕事（才能に紐づいてる性質の仕事）を増やす、②1〜7点の仕事（紐づいていない性質の仕事）を減らす、③1〜7点の仕事（紐づいていない性質の仕事）を才能に紐づける、という順番で考えていきます。

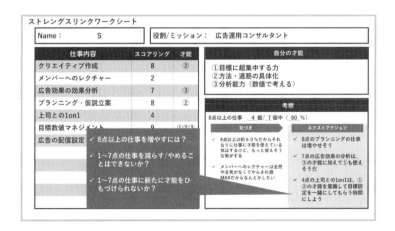

才能と仕事のリンクを顕在化して、考察を深めながら、より才能を活かせるネクストアクションへとつなげていきましょう。

トレーニング9：2 weeks 2 new

■トレーニング

方法はとてもシンプルです。2週間という期間で、①新しい才能の使い方を2つ見つける、または②才能を2つの新しい方法で仕事に発揮する、ことを自分に課していくトレーニングです。2週間という期間、2個という明確な目標を掲げることで、課題意識を持って取り組みやすくなります。

※これは実際に、強みの研究でもおこなわれている手法です。
※ Forest,J.,Mageau,G.A.,Crevier-Braud,L.,Bergeron,É.,Dubreuil,P.,&Lavigne,G.L.(2012).『Harmonious passion as an explanation of the relation between signature strengths'use and well-being at work』
※この手法にアレンジを加えたのが、このトレーニングです。
トレーニング8「ストレングスリンク」をおこなったあとのほうが取り組みやすいです。

このトレーニングは、普段の仕事が「こなしモード」になっていて、マンネリ化していたり、壁や限界を感じていたりする時に、とても効き目があります。このトレーニングを実行することで、「こなしモード」から「探索モード」に切り替えることができるので、「自分の才能をどう工夫すれば、目の前の仕事が良くなるんだろう？」という考えを芽生えさせることができます。

※チーム内でゲーム的におこない、チームでの才能における学びや気付きを共有して作り上げていくことにも活用できます。
※慣れてきたら、1 week1 new でも良いですし、1 month 2 new でも OK です。

トレーニング 10：才能のコラボレーション

自分の才能とは全く異なる才能を持つ他者と、どのように連携をしていけばよいのか、を深めるための「コラボレーション」というメソッドです。実際は 3 人以上のチームでもコラボレーションさせることができますが、基本を知っていただくために、2 人でのコラボレーションの仕方を説明します。

ポイントとなる考え方は、以下です。
- 「**弱みの補完**」：自分の弱みと他者の強み、自分の強みと他者の弱みで、弱みを補完し合う掛け合わせを見つけること。
- 「**強み×強みの掛け算**」：自分と他者の強み同士を掛け合わせて、2 人の得意パターン、必殺技のようなものを作り上げていくこと。

それぞれの手順を、あるスタートアップの社長と取締役のコラボレーションを事例に探っていきましょう。

■トレーニング

＜事前準備＞
まずは、コラボレーションをおこなう 2 人の才能を明確化し、相互にどんな才能を持っているのか、その才能を元にした強み、弱みを言語化しておきましょう。強み×3、弱み×3 は言語化できていると、コラボレーションがしやすくなります。
＜解説＞
社長 T さんは、「①人を感化する」「②本質を見抜き踏み出す」という才能を持っています。T さんは人前で話をするのが得意で、また、時に飲み

の席などで自社に来てほしい人材を口説いたりする場合に、その人材の持つ本音やニーズを②の才能で見抜き、その人を①の才能でグッと掴み、口説くというのが得意な方です。事業面でも、事業の持つコアバリューを②の才能で掴み、どうすれば事業がスケールアップしていくのかを考えるのが得意で、ビジョンを掲げ、風呂敷を広げるのに長けた「THE 創業社長体質」ともいえる方です。逆に、事業の運用や具体化は苦手な傾向が高く、①②の才能を持つがゆえに、感化する言葉の度が過ぎ、過激な表現をし過ぎてしまい勘違いや誤解を生みがちという弱みを持っています。

取締役 K さんは、「①価値を見出す」「②言葉に変える」という才能を持っています。K さんは T さんとは正反対のタイプです。ビジョンや事業のタネを①の才能で具体化し、中期戦略の策定という形に変えていくのが得意で、その戦略を全社にどのように伝えていくのが効果的かを②の才能で言語化することに長けている方です。つまり、広げた風呂敷を畳み、形にしていくのが得意なタイプ。戦略や言葉に具体化していくのが才能であることによって、メンバーの悩みにも、K さんはすぐにポンポン答えを出してしまい、メンバーが考える機会を奪いがちだったり、具体化したものを壊して全く新しいものにする、といった発想にはなりづらく現実的な範囲に収まりがちだったり、という弱みとして現れます。

弱みの補完

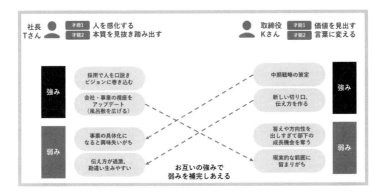

<解説>

・Tさんの「事業の具体化になると興味を失いがち」という弱みは、K
さんの「中期戦略の策定」という強みとコラボレーションすることで、
事業の立ち上げをスムーズにバトンタッチでき、補完することができ
ます。

・またTさんの「伝え方が過激、勘違いを生みやすい」という弱みは、
Kさんの「新しい切り口、伝え方を作る」という強みとコラボレーショ
ンすることで、誤解を生まず適切な言葉選びで伝えることができそう
です。

・Kさんの「現実的な範囲に留まりがち」という弱みは、Tさんの「会
社・事業の視座をアップデートする」という強みとコラボレーション
し、お互いに事業の壁打ちをすることで視座を上げつつ、現実可能な
戦略への落とし込みが実現できるようになります。

このように、自分の才能がゆえに出てしまう弱みは、誰かの強みによって
補完しあうことができます。カレーライスをらっきょうと一緒に食べるこ
とで辛味が軽減したり、ビールを飲む時にキムチをつまみで食べることで、

酔いを和らげてくれるといった関係性と一緒です。弱みは、自力で扱い方を学び、出ないようにしていくことも可能です。しかし、弱みをうまく補完してくれる他者の才能に頼る他力重視の考え方も、自分の才能を圧倒的に使いこなすためのポイントの一つです。

強み×強みの掛け算

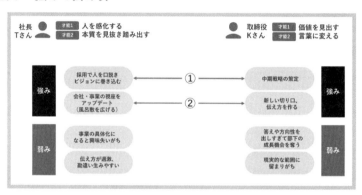

<解説>

①「魅力的なビジョンによる共感」×「正確な事業戦略による納得」で鷲づかみ

図の①の強みと強みの掛け算では、どんなことが起こるでしょうか？

例えば、採用で自社に入社してほしい人材がいる場合。しかし、その人は意思決定のこだわりとして、ビジョンへの共感だけではなく、戦略の妥当性でしっかり納得したいと思っている人でした。

Tさんは、人の心を感化する魅惑的なビジョンを語ることは得意ですが、戦略や事業計画については得意ではありません。こういう時こそ、このTさんとKさんの強みの掛け算の発揮しどころです。

お互いの強みを活かし、Tさんがビジョンを語り、Kさんが戦略を説明することで、心による共感も頭での納得もどちらも鷲づかみにできるという最強連携技ができあがります。

②事業構想の無限アップデート

図の②の強みと強みの掛け算です。Ｔさんは事業の本質を見抜き新たな
チャレンジへと踏み出し、Ｋさんは新しい切り口や言葉のアイデアを出す
ことで事業の枠を広げていくことができます。２人で壁打ち会議をしてい
けば、新たなチャレンジと新たな切り口が掛け合わされ、事業の方向性を
無限に生み出していく連携技を作り出すことができます。

弱みの補完をし合うだけでもパワフルですが、強みの掛け算ができるよう
になると更にパワフル度が増します。サッカーで例えるならば、弱みの補
完はディフェンスを強化して失点を防ぎにいく行為であり、強みの掛け算
はオフェンスを強化して得点能力を上げにいく行為です。このディフェン
スとしての弱みの補完、オフェンスとしての強みの掛け算を、２つ同時に
おこなうことが最も絶大な効果を生み出します。今まで３−２でギリギリ
１点差で勝っていたサッカーの試合が、６−１の大差で勝てるようになる
くらい、桁違いに強くなっているような状態を作ることができます。

チームにおける才能のコラボレーションの核を成すのも、弱みの補完と強
みの掛け算です。チームビルディングにおいて、「弱み」はチーム内で共
有しサポートし合うことで**「協力を生み出す接着剤」**として機能します。
自分の弱みを誰かがサポートしてくれるという安心感が、チームの信頼を
生み出し、協働関係をより豊かにしてくれるでしょう。逆に、「強み」の
掛け算は、チームに**「大きな前進をもたらすエネルギー」**となります。自
分一人ではなし得ない成果を、強みと強みの掛け算によって作り出し、チー
ムのパフォーマンスを高めていきましょう。

弱みの補完	➡	チームの協力を生み出す接着剤
強みの掛け算	➡	チームが前進するためのエネルギー

おわりに

ここまで、読み進めていただきありがとうございます。

私自身、36年間「才能」という言葉、概念と向き合い、研究を続けています。これからも生涯をかけて追求し続けるでしょう。ここ30年で才能の研究は大きく進歩しましたが、これからも人間の能力はまだまだ進化し続けるでしょう。それだけの可能性を秘めている分野なのだと思います。

これまで出会ってきた才能、これから出会う才能にも改めて伝えたいことを言葉に変えるならば、この一文になります。

才能は、あなたのチャレンジを待っています。

この言葉をあなたに贈りたいと心から思います。才能は全員にあり、間違いなく凄まじい可能性を持っています。ただし、その才能の可能性をこじ開けることができるのは、自分と真正面から向き合い、自分の才能を信じ、才能で生きるという意思決定ができた人のみです。

本書でも学んでいただいたように、あなたの才能の可能性を貶めるも、開花させるも、あなたという才能のオーナーとしての意思に委ねられています。

エッセンシャル出版の磯尾さん＆岩川さん、渡辺さん、何度も何度も打ち合わせをして、じっくりとサポートいただき、本当に感謝いたします。

また何よりも、ここまで読み進めていただいた読者のあなたにも感謝を贈ります。あなたの才能との付き合い方を変えて、自分の人生を謳歌してください。

才能や個性を扱う力が現代を生きる人々に浸透し、縦横無尽に才能が飛び交い、どんちゃん騒ぎしながら、世界が目まぐるしく、鮮やかに変化していく世界を祈って、結びとさせていただきます。

2021 年 6 月
中村勇気

中村勇気 (なかむら ゆうき)
才能トレーナー

これまでにない哲学とロジックを用いて、才能について全く新しいエッジな視点を提供する「才能」のパーソナルトレーナー。才能を際の際まで追求する実践的哲学者。two edge, LLC founder。
1985 年、鳥取県出身。個人・組織が必ず持っている " 勝ちパターン " を見つけ、エッジの立った人材・組織に変わるための習慣、仕組み作りをコンサルティング、コーチング、研修、コミュニティー運営、メディア発信などを通して行っている。個人と組織の才能作りがライフワーク。

才能マガジン https://when-edged.me/
twitter: https://twitter.com/2sideEDGE
会社 HP http://two-edge.me/

【ダウンロードページ】
＊こちらのリンクより、本書のワークシートの PDF をダウンロードできます。
こちらのサイトでは、本書で紹介したメソッド以外の方法や、
もっと才能を深めていきたい人のための講座情報も掲載しています。

https://when-edged.me/saino-engine/

「才能がない」という言い訳は、
もう、あなたの辞書から無くなります。

1% の人だけが実践している才能エンジンの使い方

2021 年 7 月 7 日　初版発行

著　者　　中村勇気

発行者　　小林真弓
発行所　　株式会社エッセンシャル出版社
　　　　　〒 103-0001 東京都中央区日本橋小伝馬町 7-10
　　　　　ウインド小伝馬町Ⅱビル 6F
　　　　　Tel 03-3527-3735　Fax 03-3527-3736
　　　　　URL https://www.essential-p.com/

印刷・製本　株式会社アクセス